TOURIST PSYCHOLOGY

旅游心理学

施霞吉 主编

爱上淘课 云平台

专业化资讯推荐 优质教学资源共享
个性化平台定制 互联网体验式教材

上海交通大学出版社
SHANGHAI JIAO TONG UNIVERSITY PRESS

图书在版编目（CIP）数据

旅游心理学 / 施霞吉主编. --上海：上海交通大学出版社，2021
ISBN 978-7-313-24417-8

Ⅰ. ①旅… Ⅱ. ①施… Ⅲ. ①旅游心理学—高等职业教育—教材 Ⅳ. ①F590-05

中国版本图书馆CIP数据核字（2021）053090号

总 策 划 海上图志 HAISHANG TUZHI
策划编辑 刘玉玲
责任编辑 胡思佳 倪 婷
设计总监 赵志勇
装帧设计 郁 悦
美术编辑 汤 梅

旅游心理学
LÜYOU XINLIXUE

主　　编：施霞吉
出版发行：上海交通大学出版社
地　　址：上海市番禺路951号
邮政编码：200030
电　　话：021-52717969
印　　制：江阴市华力印务有限公司
经　　销：全国新华书店
开　　本：787mm × 1092mm 1/16
印　　张：9.25
字　　数：184千字
版　　次：2021年4月第1版
印　　次：2021年4月第1次印刷
书　　号：ISBN 978-7-313-24417-8
定　　价：42.60元

出版说明

江苏联合职业技术学院成立以来，坚持以服务经济社会发展为宗旨、以促进就业为导向的职业教育办学方针，紧紧围绕江苏经济社会发展对高素质技术技能型人才的迫切需要，充分发挥“小学院、大学校”办学管理体制创新优势，依托学院教学指导委员会和专业协作委员会，积极推进校企合作、产教融合，积极探索五年制高职教育教学规律和高素质技术技能型人才成长规律，培养了一大批能够适应地方经济社会发展需要的高素质技术技能型人才，形成了颇具江苏特色的五年制高职教育人才培养模式，实现了五年制高职教育规模、结构、质量和效益的协调发展，为构建江苏现代职业教育体系、推进职业教育现代化做出了重要贡献。

面对新时代中国特色社会主义建设的宏伟蓝图，我国社会主要矛盾已经转化为人们日益增长的美好生活需要与不平衡、不充分的发展之间的矛盾。这就需要我们有更高水平、更高质量、更高效益的发展，实现更加平衡、更加充分的发展，才能全面建成社会主义现代化强国。五年制高职教育的发展必须服从、服务于国家发展战略，以不断实现人们对美好生活需要为追求目标，全面贯彻党的教育方针，全面深化教育改革，全面实施素质教育，全面落实立德树人根本任务，充分发挥五年制高职贯通培养的学制优势，建立和完善五年制高职教育课程体系，健全德能并修、工学结合的育人机制，着力培养学生的工匠精神、职业道德、职业技能和就业创业能力，创新教育教学方法和人才培养模式，完善人才培养质量监控评价制度，不断提升人才培养质量和水平，努力办好人民满意的五年制高职教育，为决胜全面建成小康社会、实现中华民族伟大复兴的中国梦贡献力量。

教材建设是人才培养工作的重要载体，也是深化教育教学改革、提高教学质量的重要基础。目前，五年制高职教育教材建设规划性不足、系统性不强、特色不明显等问题一直制约着内涵发展、创新发展和特色发展的空间。为切实加强学院教材建设与规范管理，不断提高学院教材建设与使用的专业化、规范化和科学化水平，学院成立了教材建设与管理工作领导小组和教材审定委员会，统筹领导、科学规划学院教材建设与管理工作；制定了《江苏联合职业技术学院教材建设与使用管理办法》和《关于院本教材开发若干问题的意见》，完善了教材建设与管理的规章制度；每年滚动修订“五年制高等职业教育教材征订目录”，统一组织五年制高职教育教材的征订、采购和配送；编制了学院“十三五”院本教材建设规划，组织18个专业和公共基础课程协作委员会推进了院本教材开发，建立了一支院本教材开发、编写、审定队伍；创建了江苏五年制高职教育教材研发基地，与上海交通大学出版社、江苏凤凰职业教育图书有限公司、苏州大学出版社、北京理工大学出版社、南京大学出版社等签订了战略合作协议，协同开发独具五年制高职教育特色的院本教材。

今后一个时期，学院将在推动教材建设和规范管理工作的基础上，紧密结合五年制高职教育发展新形势，主动适应江苏地方社会经济发展和五年制高职教育改革创新的需要，以学院18个专业协作委员会和公共基础课程协作委员会为开发团队，以江苏五年制高职教育教材研发基地为开发平台，组织具有先进教学思想和较高学术造诣的骨干教师，依照学院院本教材建设规划，重点编写出版约600本有特色、能体现五年制高职教育教学改革成果的院本教材，努力形成具有江苏五年制高职教育特色的院本教材体系。同时，加强教材建设质量管理，树立精品意识，制定五年制高职教育教材评价标准，建立教材质量评价指标体系，开展教材评价、评估工作，设立教材质量档案，加强教材质量跟踪，确保院本教材的先进性、科学性、人文性、适用性和特色性建设。学院教材审定委员会将组织各专业协作委员会做好对各专业课程（含技能课程、实训课程、专业选修课程等）教材进行出版前的审定工作。

本套院本教材较好地吸收了江苏五年制高职教育最新理论和实践研究成果，符合五年制高职教育人才培养目标定位要求。教材内容深入浅出，难易适中，突出“五年贯通培养、系统设计”专业实践技能经验积累培养，重视启发学生思维和培养学生运用知识的能力。教材条理清楚、层次分明、结构严谨、图表美观、文字规范，是一套专门针对五年制高职教育人才培养的教材。

江苏联合职业技术学院教材建设与管理工作领导小组

江苏联合职业技术学院教材审定委员会

序言

“十三五”期间，江苏联合职业技术学院将院本教材开发列入学院重点工作，旨在通过组织各专业共建高质量的五年制高职院本教材，带动各校各专业的整体提升。其中，五年制高职旅游管理专业的院本教材由学院旅游管理专业协作委员会承担，计划利用5年时间，依据江苏省五年制高职旅游管理专业指导性人才培养方案和课程标准，结合旅游产业发展，开发一系列符合现代旅游产业人才培养要求的五年制高职教材。

本项工作得到旅游管理专业协作委员会成员单位的大力支持，本着质量意识、精品意识、品牌意识，协作会从各成员单位抽调骨干教师组成编写团队，经过前期调研、中期论证、集中编写、专家审定等环节，第一批旅游管理专业院本教材终于要与大家见面了。

本套教材在编写过程中，编写团队把教材开发与课程建设合二为一，关注人的成长和发展，注重校企合作、产教融合，创新教学情境，围绕五年制高职人才的培养目标来设计课程目标、课程内容和课程评价。本套教材的开发也是江苏联合职业技术学院五年制高职旅游管理专业课程改革的成果之一。

在教材编写的过程中，我们得到了上海交通大学出版社的指导和支持，通过创新出版途径，结合旅游专业特色，建立了“爱上淘课”信息化教学平台，使教材内容得以拓展，服务于学生课后学习、终身学习。

在此，衷心地感谢为我院院本教材出谋划策并付出辛勤劳动的广大教师们。目前，我们对于院本课程开发和院本教材编写还处于探索和实践中，课程的开设和教材的编写也有仓促之处。因此，当这套教材与大家见面时，我们非常希望得到广大教育界专家和同行的支持与鼓励，以及广大教师、学生的积极参与，使我们对院本课程开发的前景报以更乐观的态度和更执着的追求。

希望参与院本课程教学实施、推广普及的广大教师、同学对我们工作中的疏漏和不足之处提出宝贵的意见和建议。

江苏联合职业技术学院旅游管理专业协作委员会

内容提要

随着旅游业的深入发展，心理学对于从事旅游行业的人员而言显得越来越重要。旅游心理学是旅游管理专业一门不可或缺的专业基础课程，为学生未来更好地从事旅游行业工作以及个人职业发展提供理论依据和经验准备。

本教材从认识一般心理活动规律入手，逐步深入研究旅游者和旅游服务人员的心理，并开展相应分析，提出恰当的心理服务策略。本教材共有7章，每章开头由“心之语”导入，通过“心起航”“心目标”“心遐想”“心笔记”等环节带领学生从理论认识到思考实践，拓展学生的视野，提高学生的旅游心理分析能力。

本教材既可作为高等院校旅游管理类专业的教学用书，也适合各类旅游企业作为内部培训用书使用。

作者介绍

主 编

施霞吉，教育硕士，常州旅游商贸高等职业技术学校副教授；主要研究方向为心理教育，长期担任“旅游心理学”“旅游概论”等课程的教学工作；2014年主持建设校级精品课程“旅游心理学”。

副主编

夏艳萍，常州旅游商贸高等职业技术学校副教授，主要研究方向为高等职业院校学生心理健康教育。

秦曙，教育学硕士，常州旅游商贸高等职业技术学校副教授，主要研究方向为心理健康教育。

参 编

熊琴，宜兴高等职业技术学校讲师，主要研究方向为旅游学。

陈群，宜兴高等职业技术学校讲师，主要研究方向为教育心理学。

严莉，苏州市职业大学助理研究员，主要研究方向教育学。

前言

我国是最早开展旅游活动的国家之一。古代，人们因经商、祭祀、宗教等活动需要而走出家门，反映了当时社会的经济发展水平。改革开放以后，我国旅游业在正确的方针政策指引下取得了突飞猛进的发展，正朝着成为旅游强国的目标进军。在旅游业迅速发展的大背景下，我国旅游高等职业教育迎来了新纪元，约80%的高职院校开设了旅游类专业，为我国旅游业输送了一批批高质量人才。

旅游和人们的心理活动密不可分，人们是在心理活动的驱使下从事旅游活动的。作为旅游管理专业基础课程之一的“旅游心理学”，主要研究旅游活动中人的心理活动，致力于帮助从业人员妥善处理旅游活动中的各种关系，提供旅游优质产品与服务，以满足旅游者的需求。

本教材以旅游者、旅游服务人员、旅游管理者为三大研究对象，分为7章。从旅游心理学概述到了解旅游者、旅游服务人员、旅游管理者的心理活动及其一般规律，从认识心理活动一般规律到总结旅游服务行业服务心理活动及其规律，遵循从一般到特殊、从普通到专业的规律，符合认知发展规律。

本教材结合高职学生的知识层次和专业特点，准确定位和把握教材的内容体系，主要表现在以下两方面。

（1）结合高职学生学习的心理特点，每一章学习均从旅游实际问题出发，包含“心之语”“心起航”“心目标”“心遐想”“心思考”“心思路”“心笔记”等创新环节，层层递进，从现象到问题，从问题到理论学习，从理论学习到实践拓展，从实践拓展到笔记总结，实现问题的基本解决，并且也是发现问题、分析问题、提出假设、检验假设的过程，引导学生学会自己梳理每个章节的重点内容，形成自己的思维体系。

（2）注意专业系列教材与课程之间的相关性、独立性、衔接性与系统性，既从心理学角度出发，又有旅游专业的特点，深度联系，没有重复；同时，在教材内容处理上简化教材文字内容，增加网络信息资料，实施信息化教学。

本教材由常州旅游商贸高等职业技术学校施霞吉担任主编，夏艳萍、秦曙担任副主编，熊琴、陈群、严莉参与编写。具体分工如下：施霞吉编写第一章，秦曙编写第二章和第三章，夏艳萍编写第四章和第七章，施霞吉、严莉编写第五章，施霞吉、熊琴、陈群编写第六章；施霞吉进行最后的统稿和定稿。同时，常州龙控集团恐龙园主题酒店和宜兴市绿缘山庄为本教材的编写提供了许多实践材料与帮助。

本教材总结、汇聚了各位教师多年教学与科研心得以及企业实践经验，参考了许多专家、学者编著的旅游心理学相关教材，既有传承，也有许多创新。另外，本教材依托“爱上淘课”教学资源平台，利用二维码技术，为使用者提供使用便捷、内容丰富的课程资源。

本教材在编写过程中参阅了大量的文献资料，在此对参考和借鉴的文献资料的作者深表谢意。本教材还得到了许多同仁的大力支持，编者深表感谢。由于编者水平有限，书中若有不足之处，敬请各位专家、教师和广大读者批评指正。

爱上淘课
使用说明

扫码观看爱上淘课使用教程
打开你的专属课程资源宝库

一册教材 = 海量教学资源 = 开放式学堂

微课视频	教学课件	在线案例	拓展学习
知识要点，名师示范	教学课件，精美呈现	具体案例，实践分析	课外拓展，知识延伸
扫码即看，备课无忧	下载编辑，预习复习	加深理解，拓展应用	强化认知，激发创造

"爱上淘课"为学生个性化定制课程，让教学更简单。

登录方式：❶下载爱上淘课 App；

❷登录 PC 端 www.istaoke.com。

本教材是基于移动信息技术开发的智能化教材的一种探索。为了给师生提供更多增值服务，由"爱上淘课"提供本系列教材的所有配套资源及信息化教学相关的技术服务支持。如果您在使用过程中有任何建议或疑问，请与我们联系。.

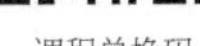

课程兑换码

微信二维码

电话：021-52716299

旅游专业地图

TOURISM PROFESSIONAL MAP

综合发展类课程 ONE

旅游专业学生成长规划书

顶岗实习指导

专业基础课程 TWO

必修课程

旅游概论

中国旅游地理

旅游心理学

职业礼仪

旅游文化

选修课程

茶艺

茶文化

旅游摄影

地方名人文化

酒店方向课程 THREE

餐饮服务与管理

客房服务与管理

前厅服务与管理

酒吧运营与管理

康乐服务与管理

西餐服务与管理

国际品牌酒店文化

饭店管理

旅行社方向课程 FOUR

旅行社计调

旅游电子商务

旅行社经营与管理

导游方向课程 FIVE

导游基础知识

地方导游基础知识

导游法规知识

导游服务技能

地方景点导游

模拟导游

华东线导游

导游综合实训

领队实务

出境旅游目的地概况

研学方向课程 SIX

跟着课本去旅行

——研学旅行手册

旅游语言类课程 SEVEN

旅游英语

饭店英语

旅游日语

旅游韩语

导游英语

目录

第一章　心理与旅游　001
第一节　心理学概述　002
第二节　旅游与旅游心理学　006

第二章　旅游服务人员的心理保健　012
第一节　旅游服务人员的心理健康　012
第二节　旅游服务人员的情绪调节　015
第三节　旅游服务人员的压力应对　023

第三章　旅游活动中的心理　028
第一节　注意　029
第二节　感觉和知觉　034
第三节　记忆　043
第四节　思维　048
第五节　表象和想象　051

第四章　旅游者的个性心理　055
第一节　旅游者的需要　055
第二节　旅游者的动机　060
第三节　旅游者的兴趣　063
第四节　旅游者的气质　067
第五节　旅游者的性格　071
第六节　旅游者的能力　073

第五章　旅游服务人员心理　078
第一节　旅游服务人员职业素质　079
第二节　旅游服务人员的形象和能力要求　081
第三节　旅游服务中的人际交往　083
第四节　旅游服务的投诉与处理　087

第六章　旅游行业服务心理　092
第一节　前厅服务心理　092
第二节　餐厅服务心理　095
第三节　客房服务心理　099
第四节　旅游交通心理　103
第五节　旅游购物心理　108
第六节　旅游娱乐心理　113

第七章 旅游管理心理 120
第一节 旅游企业领导心理 120
第二节 旅游企业员工积极性的激励 123
第三节 旅游企业的团体心理 127

参考文献 133

在线资源

002 微课视频 脑
002 拓展阅读 孟子“性善论”
002 拓展阅读 威廉·冯特
003 拓展阅读 心理学的主要分支学科
004 拓展阅读 神奇的裂脑人
004 拓展阅读 爱因斯坦大脑之谜
004 拓展阅读 狼孩的故事
006 拓展阅读 哥伦布与新大陆的故事
006 拓展阅读 托马斯·库克
010 拓展阅读 旅游广告要“对症下药”

014 拓展阅读 更多时候我们是把悲伤和抑郁混淆了
015 微课视频 情绪ABC理论
015 微课视频 拿什么拯救你，我的焦虑
022 拓展阅读 分手了，如何从失恋的阴影中走出来
023 拓展阅读 什么样的压力“杀”你于无形?

030 拓展阅读 有意注意和无意注意的巧妙运用
031 拓展阅读 我真的很讨厌被“轰炸”而来的微信消息影响
036 拓展阅读 感知往往比现实更重要?
042 拓展阅读 为什么“美猴王”那么经典?
043 拓展阅读 记忆学的起源与发展
043 拓展阅读 记忆的原理
046 拓展阅读 记忆力测验

057 拓展阅读 儿童旅游路线的开辟
057 拓展阅读 长城脚下的尴尬一幕
057 拓展阅读 日本老人热衷出国修学旅游
060 拓展阅读 欢乐谷旅游动机设计分析
062 拓展阅读 谁是胜者
062 拓展阅读 “夕阳红”为什么那么“红”?
068 微课视频 气质的类型
068 拓展阅读 旅游者气质之美国客人
071 拓展阅读 “西游团队”中的四种性格

079 拓展阅读 希尔顿饭店的“微笑服务”
079 在线案例 没有不好的客人，只有服务不到家的导游
079 在线案例 到家的服务
082 拓展阅读 如何树立导游良好的形象
083 在线案例 叫早服务
083 在线案例 如何使用敬语
083 微课视频 人际交往概述与客我关系
085 在线案例 旅游服务中的客我关系
087 在线案例 旅游投诉相关案例

093 拓展阅读 SERVICE的拓展含义
093 拓展阅读 “金钥匙”和普通服务员有什么区别
093 拓展阅读 闻香识酒店
094 在线案例 外宾的苦闷
094 在线案例 一位女士的到访
095 拓展阅读 “谦恭誓约”
095 拓展阅读 酒店前厅特殊天气特色服务
095 拓展阅读 尴尬的卫生间标识
095 拓展阅读 餐饮服务行业的顾客满意指标
095 拓展阅读 宋朝酒店业
096 在线案例 点菜风波
096 在线案例 一根鸡毛
096 在线案例 日本客人要什么
097 拓展阅读 一家卖故事的酒店
097 拓展阅读 南京金陵饭店：给客人的美好生活加点料
097 拓展阅读 北京：十大不可不吃的特色餐厅
099 拓展阅读 客房注意事项
099 拓展阅读 高星级酒店再陷“清洁门”，症结何在?
101 在线案例 褥垫上的污渍
101 在线案例 酒店遇袭事件
101 在线案例 周女士的惊喜
102 拓展阅读 网络评分提高了，行业整体服务品质呢?
102 拓展阅读 烟台让饭店服务“亮”起来
102 拓展阅读 国内女士专属酒店
105 拓展阅读 说走就走的旅行，交通工具如何选择
111 拓展阅读 细节决定成败，服务感动顾客
111 拓展阅读 销售服务八部曲
112 拓展阅读 试探成交的黄金法则——附加销售
113 拓展阅读 附加销售的有趣案例
115 拓展阅读 旅游娱乐服务的范围
115 拓展阅读 我们为什么旅行
115 拓展阅读 旅游者心声
116 拓展阅读 饭店为什么设置娱乐设施
117 拓展阅读 小莉的烦恼

120 拓展阅读 老王到底应该怎么办?
125 拓展阅读 员工放在第一位
125 拓展阅读 华为公司“狼性”文化
126 拓展阅读 管理中的“非薪金激励机制”
126 拓展阅读 公平理论之工资到底该不该透明?
128 拓展阅读 怎样建设精诚合作的高效团队?
130 微课视频 正确对待非正式团体

第一章　心理与旅游

心之语

旅行在我看来还是一种颇为有益的锻炼，心灵在旅行中不断地进行新的未知事物的活动。

——蒙田

心起航

——世界那么大，我想去看看！

——好，让我们来一场说走就走的旅行吧。去哪里？

——当然是去马尔代夫，那里有蓝天、白云、沙滩……

——不！我要去西藏，那里有高原、马儿、布达拉宫！

有人喜欢壮阔的风景，追逐于山水之间；有人喜欢小清新的情调，在各种精致的小店里满足内心的需要；有人喜欢停留下来，在当地人之间感受生活；有人则是马不停蹄，不断接受新的视觉感官冲击；有人喜欢奢华的旅行，有人喜欢“穷游”；有人倾向于选择邮轮，有人向往徒步。旅游在不同人心中，有不同的期待，有不同的诠释，有不同的感受，因为每个人的知识、喜好、性格等心理活动各不相同。旅游与心理学相结合，形成一门新学科——旅游心理学。

心目标

（1）了解心理学的基本内涵。

（2）掌握心理活动的基本内容与心理的本质。

（3）理解并掌握旅游心理学的内涵及其应用。

第一节 心理学概述

关于心理，大家一定既熟悉又陌生。熟悉的是它经常被提起，陌生的是它究竟是怎样的一种东西呢？看得见吗？摸得着吗？心理学又是怎样的一门学科呢？它的研究内容包含哪些？事实上，心理学距离我们的日常生活、工作非常近，它既有很强的理论性，也有广泛的应用性，对我们的生活和工作很有帮助。

链接

知识点

【微课视频】
脑

链接

拓展学习

【拓展阅读】
1. 孟子“性善论”
2. 威廉·冯特

一、什么是心理学

心，即思想、情感；理，即条理、准则、规律。心理是产生情绪、观点、期待、感受的心理活动，是关于人的思想、情感活动的规律。

心理学是研究人的心理活动及其规律的科学，以人的心理活动为主要研究对象。

心遐想

你能说一说生活中的哪些现象与心理学有关吗？

二、心理学的起源与发展

（一）起源

至19世纪中叶，人类对心理的探索和研究仍是处于一种无明确目的的混沌状态，并夹杂在对哲学和神学的研究中。心理学的内容融汇或包括在哲学和神学的内容体系中，心理学家是由哲学家、神学家、医学家等兼任，心理学的方法也主要是哲学思辨的方法。

1. 我国古代心理学思想

我国具有悠久的历史和灿烂的文化，虽然心理学是由西方传入的，但我国古代思想家早就有过许多关于心理问题的论述。例如，战国时期的荀子提出，“形具而神生，好恶喜怒哀乐臧焉”。他认为，人先有身体而后有心理，心理依附于身体。南北朝时的范缜更进一步提出，“形存而神存，形谢则神灭”。关于人性方面的讨论，孟子提出“性善论”，荀子则提倡“性恶论”。

2. 西方古代心理学思想

西方心理学思想源远流长，可以追溯到古希腊时期。德谟克利特认为，世界万物都是由原子构成的，原子永远存在，灵魂也由原子构成，灵魂原子随人的呼吸而存在，呼出多了就会入睡，呼出更多就发生昏迷，全部离开身体就会死亡。柏拉图认为，灵魂先于身体并独立于身体，是永生不灭的。亚里士多德的《论灵魂》被认为是历史上第一部论述各种心理现象的著作。亚里士多德把心理功能分为认识功能和动求功能，分别包括感觉、意向、记忆、概念和感情、欲望、意志、动作等。

19世纪中叶，由于生产力的进一步发展，自然科学取得了长足的进步，心理学开始摆脱哲学的一般讨论而转向具体问题的研究。1879年，德国生理学家、哲学家威廉·冯特（见图1-1）在德国莱比锡大学建立了世界上第一个心理实验室，开始用科学的实验方法对心理进行研究。自此，心理学开始脱离哲学而成为一门独立的学科，科学心理学诞生了。

心理学是一门古老的学科，也是一门年轻的学科。

（二）发展

心理学的发展日新月异，在短短的100多年里形成了多个学派。例如构造主义、机能主义、格式塔心理学、行为主义、精神分析、认知心理学、人本主义心理学等，其中，行为主义、精神分析、人本主义被称为心理学史上影响最大的“三大势力”。现在，心理学已经成为一棵枝繁叶茂的“科学大树”，是一门自然科学和社会科学交叉的边缘学科。哲学是孕育它成长的沃土，普通心理学是其主干，其他科学是其甘露，应用心理学是其分枝。教育心理学、军事心理学、管理心理学、营销心理学、消费心理学、旅游心理学等如雨后春笋般发展起来。

三、心理学的内容及基本结构

在现实生活中，人们的心理活动是丰富多彩的，如回忆过去、畅想未来、思考人生等。人的心理现象一般从心理过程和个性心理两方面来研究（见图1-2）。

图1-1 威廉·冯特

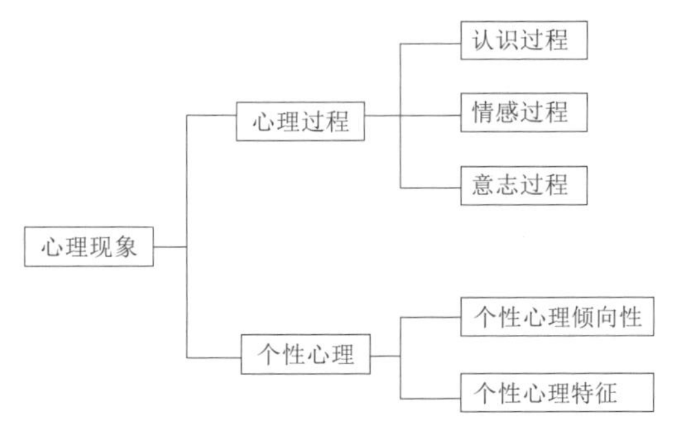

图1-2 心理过程和个性心理

链接

拓展学习

【拓展阅读】

心理学的主要分支学科

（一）心理过程

心理过程是指人对现实的认识过程，是人们心理活动的主要方面，它包括认识过程、情感过程和意志过程三方面。

人们在旅游过程中免不了用眼、耳、口、鼻等感觉器官去感知各种物体。认识过程是最基本的心理过程，包括感觉、知觉、记忆、思维和想象。

人们在认识客观事物的过程中，同时也产生了对客观事物的态度，产生了喜、怒、哀、乐等情感。情感过程是一种极其复杂的心理过程。

另外，人们还会遇到不利条件和各种困难，有人不肯屈服，有人半途而废。意志过程就是人自觉地确定目标，并且支配行动、克服困难、实现目标的心理过程。

认识、情感、意志这3个过程是紧密联系的。对事物有了认识，就产生了一定的情感和意志。对旅游工作认识愈深刻，就愈加热爱旅游职业，而这种爱岗敬业的情感，又成为积极服务旅游者、奉献社会的意志和动力；反过来，对旅游事业的深厚情感和兴趣，又会加深人们对旅游事业的认识和理解，使认识过程不断深化。

（二）个性心理

个性心理包括个性心理倾向性与个性心理特征。个性心理倾向性是指一个人所具有的意识倾向，也就是人对客观事物的稳定的态度。它是人从事活动的基本动力，决定着人行为的方向。个性心理倾向性包括需要、动机、兴趣、信念和世界观等。个性心理特征是一个人身上经常表现出来的本质的、稳定的心理特点。个性心理特征包括气质、性格和能力等。人们在认识事物和改造事物的过程中，不仅有各种个性心理倾向，还会表现出个人的不同特点。由于每个人的遗传因素、生活环境不尽相同，因此人与人之间在心理风格和气质上存在着差别，形成了人的个性心理特征。

心理过程和个性心理与人的实际生活密不可分，它们是同一个事物的两个不同方面。个性心理是通过心理过程形成和发展的。同时，已形成的个性心理又在当前的认识过程、情感过程、意志过程中表现出来，使心理过程带有个人色彩。心理过程和个性心理有机结合，构成了一个人完整的心理面貌。

四、心理的实质

链接

拓展学习

【拓展阅读】
1. 神奇的裂脑人
2. 爱因斯坦大脑之谜
3. 狼孩的故事

心遐想

请说一说心理与人的哪些器官密切相关？

关于心理的起源，历史上有唯心主义和唯物主义之争。唯心主义认为，心理是“宇宙精神表现”，是不依赖物质而存在的灵魂活动的结果。唯物主义认为：物质第一，心理、意识第二；心理是物质的产物，是大脑的机能，是对客观世界的主观能动反映。

（一）心理是人脑的机能

心理现象是人体哪个器官的机能？相当长一段时期，人们曾认为心脏是产生心理活动的器官，心理是心脏的机能。然而，随着科学的发展和实践经验的积累，许多生理学家、医生、心理学家通过解剖与实验逐渐认识到心理是人脑的机能（见图1-3）。

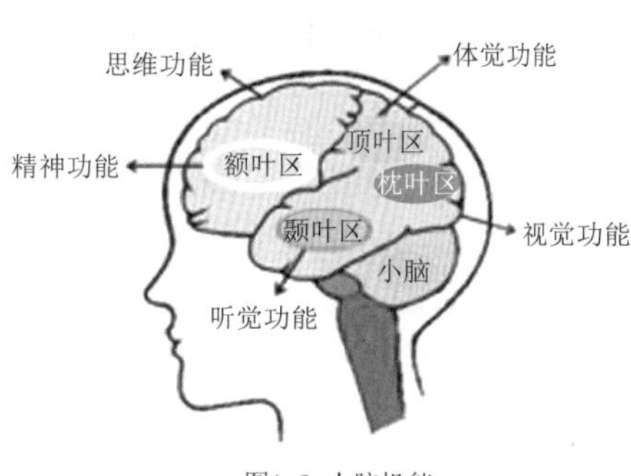

图1-3　人脑机能

我国明代医学家李时珍曾提出“脑为元神之府”。清代名医王清任通过解剖尸体得到大量资料，提出“两耳通脑，所听之声归于脑”“两目系如线，长于脑，所见之物归于脑”“鼻通于脑，所闻香臭归于脑”。德国生理学家费罗伦对被切除大脑的鸽子进行观察后发现，动物的复杂行为与大脑机能有关。一些精神病人心跳正常，但神志不清。一个心脏机能正常的人，如果大脑受到损伤，心理活动就会受到严重破坏，如罹患“失写症”“失读症”“失语症”等。因车祸导致大脑视觉区受到损伤的人，即使眼睛外观完好无损，视觉也会受到影响，甚至完全失明。以上事实充分证明了心理活动直接依赖于脑，心理是人脑的机能，人脑是心理的器官。

（二）客观现实是心理的源泉

人脑是心理的器官，是产生心理不可缺少的物质基础，但人的心理并不是大脑先天固有的产物，也不是大脑自动产生的，而是客观物质世界在人脑中的反映。人的心理是在实践活动中产生的，客观现实是心理产生的源泉。

当人们看到万紫千红的花朵与青翠欲滴的树木时，才会感受到春天的美好。正如列宁所说：“我们的感觉、我们的意识只是外部世界的映像，不言而喻，没有被反映者就不能有反映，被反映者是不依赖于反映者而存在的。”即使是一些复杂的心理现象，如思维活动和创造想象，同样源于客观现实。人们创造飞机、轮船，离不开自然界中飞鸟和游鱼的启示，而气象预报是以大量的气象知识经验和天气变化规律为基础的。神话中虚构的荒诞形象，不管怎样离奇古怪，原型仍然来源于客观现实。人所处于的客观现实是人心理的源泉和内容。心理是对客观现实的反映。

（三）人的心理具有主观能动性

人的心理是客观事物在人脑中形成反映的过程，这种反映与客观事物本身是相像的，但不是事物本身。人对客观世界的反映并不像照镜子那么机械，而要受个人知识经验、实践经验和全部的个性特征制约，并通过完整的心理活动表现出来，这样心理活动总会带有个体色彩，从而表现出人的心理的主观性。同时，这种主观性是能动的，表现为对现实的反映并不是消极的、被动的，而是对客观现实进行积极的、能动的反映。

参加同一旅游团队的旅游者入住同一家酒店的相同标准间，有的旅游者感到舒适、满意，有的旅游者则有很多抱怨。由此可见，不同的人对同一事物的反映是不相同的，产生的心理活动不同。我国唐代诗人李白面对同一座山，清醒时写“淡扫明湖开玉镜，丹青画出是君山”，醉酒时则写“刬却君山好，平铺湘水流”。显然，即使是同一个人，在不同心理状态下对同一事物的反映也不尽相同。人的心理具有主观能动性。

链接

拓展学习

【拓展阅读】
1.哥伦布与新大陆的故事
2.托马斯·库克

第二节 旅游与旅游心理学

一、旅游的产生与发展

旅游是人们为寻求精神上的愉快感受而进行的非定居性旅行和在游览过程中所发生的一切关系与现象的总和。

旅游活动是一项古老的人类活动，是人类社会特有的一种社会现象。在古代社会中，旅游实际上首先是旅行，其后才是旅行和游览的结合。古代旅游的发生主要依赖于各种实际需要，如谋生迁徙、经商贸易、赴任宦游、访师游学等。古代旅游高峰出现在封建社会，如秦始皇统一六国后，对国家巡游式的政治旅游，汉代张骞出使西域的外交旅游，司马迁和徐霞客的考察旅游等。在西方，旅游更多了一分探险的味道，如马可·波罗和哥伦布等的探险旅游。

工业革命推动了旅游的发展，尤其是蒸汽机技术在交通中的广泛运用，使大规模、长距离的人员流动成为可能。旅游活动成为一项经济活动是从19世纪40年代开始的。1841年，英国商人托马斯·库克（见图1-4）组织了世界上第一次组团的包租火车旅游，成立了世界上第一家旅行社，使旅游变成了一个国民经济行业。

图1-4 托马斯·库克

现代意义上的旅游建立在大众化基础上。工业革命之后的社会发展，到了20世纪50年代后突飞猛进。第二次世界大战结束，社会局势相对缓和，世界范围内经济恢复和发展，生产的自动化程度大大提高，使人们具备了外出旅游的“有钱”和“有闲”两个基本条件。交通运输工具的发展，使人们的旅游地拓展至偏僻、闭塞的民俗风情旅游资源和自然生态旅游资源丰富的地方，甚至实现跨国、跨洲旅游。教育的普及发展和人们生活消费观念的变化，增强了人们的旅游动机，再加上各国政府推动缩短工作时间、普及带薪假期，各旅游接待国政府为发展旅游业和便利旅游者来访采取各种支持、鼓励措施，对现代大众旅游的发展起了积极的推动作用。旅游活动成为现代社会不可或缺的经济活动。有关旅游活动的学科研究也随之蓬勃发展起来。

二、旅游心理学的产生

在着手开展旅游的相关研究并试图了解旅游的规律时，首先需要回答以下问题：人们为什么要离开自己熟悉的居家环境，去一个陌生的地方旅游？为什么有的人喜欢自然景观而有的人喜欢人文景观？怎样才能使人们在旅游活动中得到愉快、满意等积极的心理体验？

2000多年前，我国就有“仁者乐山，智者乐水”的说法，折射出人们出游的心理动机。旅游业形成之后，尤其是现代旅游业发展起来后，人们加强了对旅游者心理活动理论的研究，总结旅游者心理规律。从实践角度看，旅游业的经营者、服务者如何为旅游者提供食、住、行、游、购、娱等优质服务，满足旅游者的生理和心理上的需求，进而获得盈利；旅游者如何选择经营者的优质服务来获得生理上和心理上的满足，都是需要研究的问题。于是，旅游心理学便应运而生。

旅游心理学属于应用心理学的分支，产生于20世纪80年代。1981年，美国CBI公司出版了由中佛罗里达大学迪克·波普旅游研究所所长小爱德华·J. 梅奥和商业管理学院副院长兰斯·P. 贾维斯编著的《旅游心理学》。该书第一次从心理学角度分析、研究旅游者的旅游行为，揭开了旅游心理学研究的序幕。

三、旅游心理学的概念和研究对象

旅游心理学是研究旅游者的心理活动现象及其相关规律的一门学科。从旅游心理学的概念来讲，旅游心理学的研究对象包括旅游者心理、旅游服务心理和旅游企业管理心理，研究内容是旅游活动中人们的心理活动和行为规律。

（一）旅游者心理

旅游者是旅游活动中的主体，旅游者的心理活动及其规律是旅游心理学的主要研究对象。具体而言，旅游者做出旅游决策受主观的心理因素，如知觉、学习、动机、人格、态度、情绪、情感等方面的影响，同时受家庭、阶层、文化、群体等社会因素的影响。

（二）旅游服务心理

在旅游活动中，旅游企业的从业人员与旅游者会产生一系列的人际关系。旅游者在旅游活动过程中对精神享受的追求比对物质享受的追求更强烈，他们对服务水平的期望值更高，这就决定了心理因素在旅游活动中起着非常重要的作用。在旅游活动中，旅游业对旅游者的服务是通过食、住、行、游、购、娱各个具体环节实现的，因此研究旅游服务心理就是要探讨旅游服务人员的心理素质与职业技能，以及旅游者在旅游活动各个环节的心理需求特点与相应服务措施。服务质量和消费者口碑是选择旅游企业的主要标准，而良好的职业道德则被认为是导游应具备的重要素质。旅游服务人员只有具备良好的心理素质，为旅游者提供优质的服务，才有可能满足旅游者的心理需求。

（三）旅游企业管理心理

旅游服务的质量归根结底是由旅游企业的管理水平决定的。由于旅游业的特殊性，旅游服务这个无形产品要靠员工与客人打交道来完成其生产过程，服务产品的质量具有不确定性，需要依赖高素质的员工自觉完成。旅游管理水平直接影响旅游企业员工的工作情绪与工作效率，同时间接影响旅游者对于旅游活动的兴趣与需要。旅游企业管理者需要了解员工的心理，要把员工放在第一位，尊重员工，善待员工，充分调动每一位从业人员的工作积极性。只有这样，才能提高服务水平，不断增加旅游企业的经济效益。

我国旅游企业管理与国外最大的差距体现在管理理念和服务意识上。我国旅游企业的硬实力已经超过了软实力，但国内整体服务业的发展水平与国外相比还有较大差距。研究旅游管理心理就是要探讨旅游工作者的心理保健以及旅游企业中的团队建设、激励机制和领导心理等，以便做好旅游企业的管理与经营。

上述旅游心理学的研究对象，是相互依存与相互联系的，在对旅游心理学进行研究时，要把它们作为一个有机的整体，避免孤立地研究。

四、学习旅游心理学的意义与研究方法

（一）学习旅游心理学的意义

任何一门学科的理论研究的目的，都是希望通过发现研究对象的一系列规律，为该领域的实践活动服务。旅游心理学的研究意义，就是希望通过相关的研究去认识和掌握产生旅游行为的客观过程和客观规律，为旅游业提供科学的依据，使旅游业的发展建立在一种客观的基础上，避免盲目性，使旅游业的发展拥有更广阔的空间。

1. 为旅游资源的科学规划和合理开发提供有效且客观的依据

旅游资源是开展旅游活动的基本条件之一，它的作用就在于吸引旅游者，满足旅游者的旅游需要，使旅游者产生积极、愉快的心理体验。那么，怎样才能使旅游资源发挥积极作用呢？这就需要通过一系列的旅游心理学的研究，了解人们是如何产生旅游行为动机的，哪些因素会影响人们的旅游选择、旅游态度，并以此为依据，有针对性地对旅游资源进行科学的规划和合理的开发，尽可能地开展符合旅游者需要、动机和兴趣等心理特点的各种旅游活动。只有这样，才能保证旅游资源的开发和旅游活动线路的安排，以及各项旅游活动项目的设立更加科学而合理，充分发挥吸引旅游者参加旅游活动的作用，达到争取和扩大旅旅游者源的预期目的。否则，就会造成旅游资源开发工作的盲目性，造成人力、物力、财力的巨大浪费，影响旅游业的发展。

2. 开展主动的、有针对性的旅游服务，创造最佳的旅游服务

旅游服务是旅游业的生命线，这种观点越来越为大多数人所接受。在具备丰富的旅游资

源和良好的旅游设施的前提条件下，旅游服务水平的高低、旅游服务质量的好坏是决定旅游业发展的关键。旅游业的重要任务之一就是大力提高旅游服务水平，使旅游者乘兴而来，满意而归。为了提高服务水平，旅游服务人员除了提高自身的服务技能外，还需要了解旅游服务对象的心理特点，这样才能有针对性地提供个性化服务，满足旅游者的心理需求。这就必须要了解和掌握旅游者的心理，不仅要了解和掌握旅游者的一般心理特点，还要了解不同旅游者在需要、动机、兴趣、气质与性格等方面的心理特点，善于区分不同民族和国家、不同性别和年龄、不同职业和文化背景所造成的个体心理差异，从而开展针对性服务。只有在了解旅游者的心理倾向和心理特点的前提条件下，旅游服务人员才能主动地、自觉地开展有针对性的服务，满足不同旅游者的心理需求，才能使他们产生积极、愉快的心理体验，形成美好而深刻的旅游印象。

人们选择不同的旅游对象是以对它的了解为前提条件的，但是对旅游对象的直接了解只有在实际的旅游活动过程中才能产生。因此人们在进行旅游选择时，必须通过各种渠道所获得的间接信息来做出有关的旅游决策。因而，对旅游从业人员来说，一定要通过有效的旅游宣传，向旅游者传递有关信息，以影响他们的旅游选择和旅游决策。

（二）学习旅游心理学的方法

作为心理学的一个分支，旅游心理学的研究方法主要来源于心理学中比较成熟的几种研究方法。学习者应从旅游心理学的学科特点出发，有选择、有变化地运用这些研究方法。

1. 观察法

观察法是指在自然条件下，有目的、有计划地观察旅游者的外部表现，分析其内在的原因，进而发现旅游心理现象、发展规律的研究方法。旅游者在旅游活动中的各种行为表现，都是受其心理活动支配的，通过对旅游者在旅游活动中的语言、表情、动作等进行观察、分析，可以了解支配他们行为的心理。例如，导游在服务中随时观察旅游者的表情，以了解自己的服务效果，及时提供有针对性的服务。又如，同样是去参观苏州园林，爱好建筑的旅游者会关注亭台楼阁的风格与材质，爱好园艺的旅游者会关注园林花草的品种与造型，爱好文化的旅游者会关注园林的主人来历与经典历史故事等。观察法是在旅游者并不知晓的情况下进行的观察。由于旅游者没有心理负担，因此心理表露得比较自然，通过观察所获得的资料就比较真实、可靠。此外，观察法在操作上比较简便，花费也比较少，采用面较广，是所有研究方法中最常用的一种方法。其缺点在于：观察时只能消极、被动地等待观察事件的发生；所得到的往往是表面现象，很难揭示现象背后的本质；在观察对象数量大、范围广的情况下很难实施。

2. 访谈法

访谈法是研究者通过与受访者交谈，以口头信息传递和沟通的方式来了解旅游者的动机、态度、个性和价值观念等内容的一种研究方法。

按交谈过程结构模式的差异，访谈法可以分为结构式访谈和无结构式访谈两种形式；按研究者与访谈对象的接触方式的不同，访谈法可以分为个人访问和小组座谈两种形式。

（1）结构式访谈是调查者根据预定目标事先拟定谈话提纲，访谈时按已拟定的提纲向受访者提出问题，受访者逐一予以回答的一种研究方法。

（2）无结构式访谈是调查者与受访者双方以自由交谈的形式进行的调查活动。

（3）个人访问是由调查者对单个受访者进行的访问，可以采取结构式访谈形式，即询问一些预设的问题，也可以采取无结构式自由访谈的形式。

（4）小组座谈是由调查人员以召开座谈会的方式向一组消费者进行的访谈。

3. 问卷法

问卷法就是通过让旅游者书面回答问题的方式进行调查，也可以变通为根据预先编制的调查表请旅游者口头回答、由调查者记录的方式。例如，在餐厅中放置预先拟定的服务质量评价问卷，请客人填写，从而分析、研究客人的需求。问卷法与结构式访谈法有相似之处，只是目前较多人更重视发挥书面调查表的作用。这种方法适用于了解旅游者的旅游动机、旅游态度和旅游观念等。问卷调查表的基本形式有两种：一种是封闭式的，另一种是开放式的。

（1）封闭式的调查表是让被调查者从所列出的答案中进行选择，类似考试题中的是非题、选择题的形式。

（2）开放式的调查表是让被调查者根据调查表所列问题任意填写答案，不作限制，问卷上只有测试的问题，类似考试题中的填空题、简答题和发挥题。

调查表既可当场直接发放、让旅游者填写后收回，也可将问卷通过邮寄、广告征询等方式送达旅游者，待被调查者填写后寄回。后一种形式回收率较前者低，因此可能影响调查结果的准确性和调查工作的进度。

4. 实验法

实验法是一种有严格控制的研究方法，是有目的、有方向、严格控制或创设一定的条件来引起某种心理和行为的出现或变化而进行规律性探讨的研究方法。例如，在导游服务中使用不同的导游方法观察旅游者的情绪反应，从而研究他们的心理需求。依据实验场所的不同，实验法又分为实验室实验和现场实验两种。

（1）实验室实验是在专门的实验室内进行的，可以借助各种仪器设备，取得精确的数据。这种方法具有控制条件严密、操作程序固定、可以反复进行的特点，但是同时还有影响较大的人为因素，所得结果与实际生活存在一定的距离。

（2）现场实验是在实际旅游活动中进行的。它是把情境条件的适当控制与正常的旅游活动有机地结合起来，因而具有较强的现实意义。

5. 经验总结法

经验总结法是研究者从心理学角度，有目的地整理自己在服务工作中积累的经验，从中抽离和提取出所包含的心理规律的一种研究方法。例如，通过对优秀服务员的事迹及经验的总结、研究、分析，归纳出优秀服务员心理素质的特点。

由于人们的心理现象是作为一个完整的体系而客观存在，并随着客观现实的变化而发展的，因此在研究活动中的心理现象时，必须遵守客观性原则、系统性原则和发展性原则。在研究旅游心理现象时，可以根据具体情况灵活地运用观察法、访谈法、问卷法和实验法，以便对旅游心理活动及其规律有更深入的理解和掌握。

心思考

（1）什么是心理学？心理活动包括哪些内容？

（2）举例说明人的心理的实质。

（3）什么是旅游心理学？旅游心理学的研究方法有哪些？

心思路

心笔记

第二章　旅游服务人员的心理保健

心之语

旅行对我来说，是恢复青春活力的源泉。

——安徒生

心起航

人生就是一场旅行，不在乎目的地，在乎的应该是沿途的风景以及看风景的心情。旅行与我们的日常生活密不可分，每一次微笑、每一滴泪水，都汇成了独一无二的心路历程。要么旅行，要么读书，身体和灵魂必须有一个在路上。所以，出发吧，不因某人，只为在未知的途中遇见未知的自己。

心目标

（1）熟练掌握心理健康的概念及标准。

（2）掌握处理消极情绪及调节情绪的方法。

（3）了解及掌握应对压力的方法。

第一节　旅游服务人员的心理健康

一、健康概述

健康是人类永恒的主题。人们对健康的认识是随着社会发展以及人类对自身认识的深化而不断丰富的。联合国世界卫生组织（WHO）指出：“健康乃是一种在身体上、精神上的完满状态，以及良好的适应力，而不仅仅是没有疾病和衰弱的状态。”这里指的是身心健康，也就是说，一个人躯体健康、心理健康、社会适应良好和道德健康，才是完全健康的人。

二、心理健康

什么是心理健康？1946年，第三届国际心理卫生大会曾为“心理健康”做出这样的定义：“所谓心理健康，是指在身体、智能以及情感上与他人的心理健康不相矛盾的范围内，将个人的心境发展成最佳状态”；同时，指明心理健康的标志是身体、智力、情绪调和，适应环境，人际关系中彼此能谦让，有幸福感，在工作和职业中，能充分发挥自己的能力，过有效率的生活。

结合旅游服务人员的心理特征以及所担任的社会角色，他们的心理健康的标准可概括为以下几个方面。

（一）正确认识自己，接纳自己

“人贵有自知之明。”一个心理健康的旅游服务人员应当能够认识到自己存在的价值，既能了解自己的优点，也明确自己的弱点，并且能较好地接受现实的自己，对自己做出客观、正确的评价，能够努力发展自己的潜能。

链接

拓展学习

【拓展阅读】
世界精神卫生日——为自己的心理健康负责任

（二）能较好地适应现实环境

心理健康的旅游服务人员能够面对现实、接受现实，并能积极主动地适应现实、改造现实，而不是逃避现实；能够对周围事物做出客观的评价，并能与现实环境保持良好的接触。心理不健康的旅游服务人员往往以幻想代替现实，不敢正视现实，总是抱怨自己“生不逢时”，认为自己受到了不公平的待遇，因而无法适应现实环境。

（三）和谐的人际关系

心理健康的旅游服务人员乐于与人交往，能够以友善、同情、信任等积极的态度与人相处。在遇到冲突时，能够正确处理人际关系，在生活和工作中有较强的适应能力。

（四）善于控制自己的情绪

心理健康的旅游服务人员的积极情绪始终占主导优势，如愉悦、开朗等。有时，他们也会有消极的情绪体验，如哀伤、忧虑等，但持续的时间一般不会太久。他们能够适度地表达自己的情绪，并保持情绪稳定。

（五）合理的行为

智力的发展会影响人的行为合理性。心理健康的旅游服务人员的行为应当是合情合理的，具体表现在行为方式与年龄、性别特征一致，符合社会角色，具有一惯性。

提示

（1）心理健康标准是多维的，不同的学者有不同的解释。

（2）心理健康不是某种固定的状态，它是动态的、变化的，会因年龄、性别、社会或家庭等方面的因素而改变。

（3）心理健康与否的界限是相对的，正常与异常更像是连续体的两端，一个从健康到不健康的连续体。

（4）一个人是否心理健康与一个人是否有不健康的心理和行为并不是一回事。

三、心理问题及类型

（一）常见心理问题及类型

与身体健康一样，心理方面的问题也是分程度的，由轻到重依次表现为心理困扰、心理障碍和精神疾病。

（1）心理困扰主要是指适应问题、应激问题、人际关系问题。

（2）心理障碍主要是指焦虑障碍、性心理障碍和人格异常等轻度心理失调。

（3）精神疾病是所有心理问题中最严重的，主要有精神分裂症、偏执型精神疾病和妄想性障碍等。

链接

拓展学习

【拓展阅读】更多时候我们是把悲伤和抑郁混淆了

（二）旅游服务人员常见心理困扰

旅游行业是与人“高度接触”的工作，作为旅游服务人员更易受到人际交往的困惑，主要表现为以下几种心理困扰。

1. 社会适应困扰

挫折和压力是旅游服务人员在社会适应方面经常出现的困扰。挫折和压力在生活、工作中难免会遇到，如何应对挫折和压力直接影响到旅游服务人员的心理健康状况。

2. 情绪问题困扰

情绪问题是旅游服务人员在工作中经常出现并影响正常生活的负性情绪和情绪障碍。负性情绪让人感到疲惫、烦躁、不满，造成大脑功能紊乱，从而使认知范围缩小、思维狭隘，工作效率低下，甚至失去理智进而转化为心理障碍和精神疾病。

3. 人际交往困扰

人具有社会性，人际交往对于旅游服务人员而言更加重要。和谐的人际关系会带来愉快的情绪，相反，紧张的人际关系会导致孤独、焦虑、抑郁等不愉快的情绪，长此以往会导致神经功能紊乱，免疫力降低，不利于身心健康。

关注心理健康刻不容缓

2016年，歌曲《感觉身体被掏空》一夜之间火爆社交圈，因其传神地反映出当代人的工作压力，产生了巨大的社会共鸣。同年，随着国务院印发《“健康中国2030”规划纲要》，由此国民健康已上升到国家战略层面。尤其抑郁、过劳、焦虑、倦怠等心理疾患，已成为每一个职场人难以回避的问题。2017年4月，《2017中国城镇居民心理健康白皮书》发布。该白皮书分析了全国约112万城镇人口的心理健康数据。目前，73.6%的人处于心理亚健康状态，存在不同程度心理问题的人有16.1%，心理健康的人仅为10.3%。

我们都知道木桶效应：一个木桶的最大容量不取决于最长的木板，而取决于最短的那块木板。一个人的成长包括很多方面，哪个方面出了问题都是不健康的，心理方面也是如此。

你知道心理素质都包括哪些方面吗？自己又在哪些方面还应该进一步提高和完善呢？

第二节　旅游服务人员的情绪调节

情绪、情感是人们在旅游休闲度假中的内在感受与体验。爱由心起，境由心造，情由心生，情与景的碰触，才能让旅游者“怦然心动”。唐代诗人杜牧在烟雨朦胧的情境下吟出著名诗句“清明时节雨纷纷，路上行人欲断魂。借问酒家何处有，牧童遥指杏花村。”由此杏花村成为人们旅游向往之处。旅游可以使人们在饱览自然风光和人文景观的同时，获得精神上的享受与情感上的抒怀，忘却烦恼。同时，人们对大自然的理解、敬畏，对历史传承的思索，也使人们的内心得到升华和洗礼。

链接

知识点

【微课视频】
1.情绪ABC理论
2.拿什么拯救你，我的焦虑

在生活中，我们随时随地都会出现情绪、情感的起伏。如图2-1所示，各种情绪表情包在即时通讯软件中非常流行，人们喜欢用表情包来表达自己的情绪、情感。

图2-1　各种情绪表情包

心遐想

你能想出多少描述心情和情绪的词语？

一、情绪概述

（一）情绪定义

情绪是人对客观事物的态度体验。然而，人类的情绪不仅包括内心的主现体验，还伴随着相应的外部表现和生理反应。主观体验、外部表现、生理反应三者共同构成了丰富、美妙的情感世界。

（二）情绪的外部表现

当人们处于某种情绪状态时，往往伴随着相应的身体外部表现，并且可以被别人直接观察到，我们称这种情绪的外部表现为表情。表情是情绪的外部指标，是人际交往中相互沟通、表情达意的重要表现。通过表情，人们可以“察言观色”，体会他人的情绪情感状态。表情的类型主要有以下 3 种。

1. 面部表情

情绪反映在眼、眉、嘴和面部肌肉等方面的变化表现为面部表情，如眉飞色舞、愁眉苦脸、咬牙切齿等。心理学家研究发现，人的表情具有极高的相似度，如哀伤时，面部表情均表现为嘴角下弯；愤怒时，则表现为眼睛瞪大等。

2. 身体表情

情绪反映在身体各部分姿态和动作等方面的变化称为身体表情。不同的姿态和动作反映不同的情绪状态，如紧张时“手忙脚乱”，高兴时“手舞足蹈”，愤怒时“暴跳如雷”。身体表情大多由后天习得，具有一定的社会民族和地方特色。在中国，从1到10可以用不同手势表达，在其他国家和地区则又有不同的表达方式。

3. 言语表情

情绪反映在言语的语调、节奏和速度等方面的变化称为言语表情。俗话说：“言为心声”。不同的言语表情反映出不同的情绪状态。兴奋时，语调高昂，节奏快而有力；悲伤时，音调低沉，语速缓慢，断断续续。旅游服务人员要善于捕捉旅游者的“画外音”。

（三）情绪的分类

中国诗词中对“情”的描述很多，如“国破山河在，城春草木深。感时花溅泪，恨别鸟惊心”表现了爱国之情；“独在异乡为异客，每逢佳节倍思亲。遥知兄弟登高处，遍插茱萸少一人”表现了思念亲人之情；“情不知所起，一往而深”表达了人类永恒的主题——爱情。如此多的“情”，究竟有多少种呢？

人们常说：“人有七情六欲”。古代人们把情绪分为喜、怒、哀、乐、爱、恶、惧7种基本形式。在现代，心理学家根据情绪情感发生的形式、强度和持续时间的长短，将人的情绪分为心境、应激和激情。

1. 心境

心境是一种比较微弱、平静而持久的情绪状态。心境产生的原因很多，工作顺逆、事业成败、人际关系好坏、健康状况好坏、环境优劣等都可能引起人的心境变化。在心境这种情绪状态下，人们不止对某一当前对象，而是对周围所有事物都带有同样的情绪色彩，因为心境具有弥散性。

旅游活动中，文明的旅游环境是一种宝贵的旅游资源。出行文明、消费礼貌、爱护山水、尊重乡土文化等行为会提升旅游的精神享受。如果有不守秩序、破坏环境、随意涂鸦等行为，就会破坏旅游者的心境。

2. 应激

应激是出乎意料的紧急与危急状况下出现的情绪状态。例如，当遇到突然发生的火灾、水灾、地震等自然灾害时，刹那间人的身心都会处于高度紧张状态之中，这就是应激。人在应激状态下，一般会出现两种不同表现：一种是情急生智，沉着镇定；另一种是手足无措，呆若木鸡。有些人甚至会发生临时性的休克等症状。应激的各种表现与个人的能力与素质有关，还同平时的训练和经验积累有关。

旅游者外出游玩时，手机一定要随身携带。如果迷路后不记得导游电话，应先打电话给自己的亲友，让亲友与旅行社取得联系。如果忘带手机，应在原地或是与导游约定的地点等候，必要时可报警处理。

3. 激情

激情是一种猛烈的、迅速爆发而又短暂的情绪体验，如狂喜、暴怒、绝望等。激情是对人有重大意义的强烈刺激所引起的。激情发生时有明显的外部表现，如面红耳赤、哭天抢地等。在激情状态下，人有可能产生极不理智的行为。

激情有积极的一方面，能提高人们的创造力、想象力，提高工作效率。旅游活动中，当旅游者克服重重困难，终于登上山顶，会产生“一览众山小”的壮志豪情，也能在各种惊险刺激的游乐设施中体验运动的激情。然而，在生活和工作中，人们更应当注意控制激情，多发挥其积极作用，以平和的心境投入生活和工作中。

（四）情绪的功能

情绪、情感作为人反映客观世界的一种形式，是人的心理的重要组成部分，对人的现实生活和精神生活各方面都具有重要功能。

1. 适应功能

21世纪，社会发展日新月异，节奏加快的同时给人们带来各种焦虑、心慌等问题。情绪调节成为适应社会环境变化的重要手段。情绪、情感就像晴雨表一样随时反映出身心对复杂多变的工作和生活的适应状况。若长期处于紧张、焦虑的困扰之中，人们的压抑情绪得不到释放，就会对心理健康造成影响。

2. 动机功能

狄德罗说："只有情感，而且只有伟大的情感，才能使灵魂达到伟大的成就。"当人们处于积极的情绪状态下，会激励人的活动、提高活动效率；当人们处于消极的情绪状态下，会降低活动效率，阻碍人们任务完成，甚至引发不良的行为表现。"童话世界，九寨天堂"，这对九寨沟无限美景的宣传话语，激发了每年100多万中外旅游者前往九寨沟旅游观光，带来了十几亿元的旅游收益。

3. 信号功能

情绪、情感在人际交往中具有联络感情、形成态度、决定交往倾向的功能。在各种情绪状态下，人的身体会呈现出不同的姿态，如眉飞色舞、暴跳如雷等。旅行和生活有着很多联系，通过一次长途旅行，人们可以展现出对事物的不同态度，如冷静或是情绪化，热情或是冷淡。

二、情绪由来

（一）生理状态影响情绪

人们在疲倦的时候，会感到心烦气躁；在生病的时候，会感到悲观忧郁。

人体的情绪生物节律

人体的生物节律会影响人的情绪。英国医生费里斯和德国心理学家斯沃博特发现，每个人都存在着周期为28天的"情绪的生物节律"。也就是说，每28天左右的时间，就会体验到一次情绪的高潮与低潮。在情绪高潮期，人们往往心情愉快、精力充沛，表现出强烈的创造力，丰富的艺术感染力；而到了低潮期，人们的情绪低落、精神不振，工作上也容易出差错和事故。

（二）客观情境影响情绪

情绪不会无缘无故地产生，它总是由一定的客观情境引起。例如，因为与同事关系融洽而舒心，因为工作遇阻而焦虑……假如一个人的大喜大悲没有任何缘由，则是情绪不健康的表现。

（三）情绪取决于个体对事件的看法

通常人们会认为事件A直接导致了人的情绪和行为结果C，发生了什么事就引起了什么情绪体验。然而，你有没有发现同样一件事，对不同的人，会引起不同的情绪体验。例如，同样是报名大学英语六级考试，结果两个人都没过，一个人表现得无所谓，而另一个人却伤心欲绝。

拓展学习

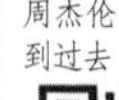
【拓展阅读】

从校服到婚纱，听了19年周杰伦的我们，突然想回到过去

为什么？就是事件A与情绪和行为结果C之间，还有一个对事件A的看法和解释的B在起作用。一个人可能认为：这次考试只是试一试，考不过也没关系，下次可以再来；也可能觉得这是背水一战，不能失败。于是，不同的B带来的C大相径庭。因此，事情发生的一切根源缘于我们的信念B（信念是指人们对事件的想法，解释和评价等）。

非理性信念

什么是非理性信念呢？非理性信念是相对于理性信念而言的，其突出特点有以下3个。

1. 绝对化的要求

即以自己的意愿为出发点，对某一事物抱有其必须发生或绝对不能出现等信念，常与“必须”“应该”“一定” 联系在一起。例如，“我必须成功”“我必须找到一份月薪20 000元以上的工作”等。

2. 过度概括化

即以偏概全的不合理思维方式。例如，“她竟然背后说我的坏话，她简直一无是处”。

3. 灾难性想象

即想象某事的发生必定是灾难性的、令人无法忍受的。例如，“爸爸下岗了，我们一家人真是没法活下去了”。

非理性信念会导致情绪失调。在日常生活和工作中，应多检查一下自己的大脑，看是否存在一些“绝对化要求”“过分概括化”“糟糕至极”等不合理想法；如果有，就要有意识地用合理观念取而代之。

三、破解情绪密码

情绪具有感染性。一般来说，积极的正向的“增力的情绪”对人有很大的激励作用。相反，不良情绪状态，如暴躁、烦恼、懈怠、萎靡不振等，都是压抑人们积极性的一种内部障碍，势必影响工作效率，还会严重危害身心健康。旅游行业服务人员与旅游者直接接触、交流，要密切关注旅游者的情绪、情感变化，服务人员自身的情绪、情感状态也会影响旅游者的情绪、情感体验，要求服务人员保持良好的情绪状态。

（一）营造良好情绪氛围

人的情绪会受到周围环境的影响，旅游服务人员要想保持良好的情绪状态，首先要营造良好的情绪氛围。

1. 令人心情愉快的工作环境

适宜的温度、清新的空气、干净的制服、整洁的办公室，都能让人心情愉悦。旅游企业要重视环境对人的影响，尽力为员工打造令人愉快的环境。

2. 和谐的人际关系

旅游企业需要严格的规章管理制度，但同时要关心员工，体现企业文化，做到人性化关怀。只有在人际关系和谐的环境中，旅游服务人员才能保持良好的心境。

（二）创造良好的情绪条件

1. 满足旅游者需要

旅游活动中要开展形式丰富多样的活动，满足旅游者对旅游活动的多种需要。例如，可以通过精妙设计来增强旅游情感体验，触发旅游者听觉、触觉、味觉、嗅觉等多种感官；导游在旅游巴士上播放针对不同年龄段旅游者的经典歌曲，引起共鸣，全面激发旅游者的情感体验。

又如，法国盛行学艺旅游，旅游者在游览美丽风光的同时也大开眼界，掌握某项技能，体验旅游中学习的乐趣。

2. 树立正确的人生态度

作为服务人员就应该具有宏大的抱负、远大的志向，不要只津津乐道于眼前的琐事。这样，在看问题时就会想到全局和长远，就能做到不因个人成败得失而服务态度时冷时热，不为那些微不足道的蝇头小利而大动感情。

坐一坐空椅子

如果遇到令你感到愤怒或引起其他消极情绪的事时，请把空椅子假想成引起你情绪反应的人，然后自己坐在空椅子对面，尝试着与空椅子所代表的人谈话，讲出对他的看法或观点。然后，马上换到另一把椅子上，扮演对方并回答你刚才提出的观点或意见。同时，你必须听完“对方”的解释后，才能坐到自己的椅子上，从自己的角度思考“对方的答案，并继续提出自己的观点”。在不断的角色转换和自我辩论中，就可以慢慢地理解双方的冲突，并可能重新接纳对方，同时有效地调节自己的情绪。

没有体验就没有发言权。认真地尝试这项方法，你会发现自己无法想象的变化。可以尝试写下自己使用该方法后的实际感受和效果。

小测验

你的情绪稳定吗?

每题均有0～4的分数，分别代表：0=没有，1=偶尔有，2=有时有，3=经常有，4=总是有。请你根据最近一周，包括今天的感觉，在每个题目上圈上合适的分数。

（1）我真希望自己哪天突然死去。 0 1 2 3 4

（2）小事我也感到非常着急。 0 1 2 3 4

(3) 遇到一点小事我就感到烦恼。　0　1　2　3　4

(4) 我感到在生活中自己是个弱者。　0　1　2　3　4

(5) 我感到人活着没有什么意思。　0　1　2　3　4

(6) 我感到心慌。　0　1　2　3　4

(7) 我对异性毫无兴趣。　0　1　2　3　4

(8) 我觉得太笨，样样不如别人。　0　1　2　3　4

(9) 我变得做什么事都拿不定主意。　0　1　2　3　4

(10) 我想自己去死。　0　1　2　3　4

(11) 我全身没有一点力气。　0　1　2　3　4

(12) 我讲话的声音变得有气无力，闲话少多了。　0　1　2　3　4

(13) 我晚上睡眠时间总的来说比往常少多了。　0　1　2　3　4

(14) 我什么事情都不想干。　0　1　2　3　4

(15) 我感到不高兴、不愉快、不痛快。　0　1　2　3　4

(16) 我感到心里难受或者心里不舒服。　0　1　2　3　4

(17) 我对周围的一切都感到没意思。　0　1　2　3　4

(18) 我感到紧张不安。　0　1　2　3　4

(19) 我不想吃东西。　0　1　2　3　4

(20) 我觉得比平时瘦多了。　0　1　2　3　4

测验结果分析：

如果分数低于16分，说明你的情绪没有任何不适症状；16～35分，说明已经感染轻度情绪病；36～45分，说明已经达到中度；大于45分，说明你的情绪病已经很严重了，需要赶紧调整，避免再度加重。

(三) 控制不良情绪

1. 合理宣泄

我国古代文人墨客在感时伤怀、怀才不遇、思念故人或内心愤懑时，常常通过写诗来抒发自己内心的情感，这是情绪调节的好方法。例如，苏轼在思念亡妻时写下“十年生死两茫茫，不思量，自难忘”的诗句，表达了对已故妻子的思念和伤痛之情。通过跑步运动流汗也是一种宣泄的方式。情绪需要宣泄，但要注意方式一定要合理，不伤害自己和他人。

2. 音乐疗法

音乐作为一种艺术，是人类情绪、情感表达的重要方式，不同的曲调和节奏，会使人产生不同的情绪体验。例如，《春江花月夜》《空山鸟语》《舒伯特小夜曲》《柴可夫斯基小夜曲》等乐曲都可以让人的情绪得到放松。但过慢或过快的音乐容易引起昏昏欲睡或紧张疲劳。

3. 静观和内省

孔子曰："见贤思齐焉，见不贤而内自省也。"曾子也倡导："吾日三省吾身。""内省"不仅是反省自身的不足，还可以调节自己的不良情绪。采用这种方法调节不良情绪时，要选择一个感觉比较舒适的环境，或坐或卧，慢慢调节自己的气息，放松身心，让自己的思想自由流动。此时，可以配合使用一些精油。进入状态后，回顾自己产生的不良情绪，如焦虑、愤怒、悲伤等，慢慢回想和分析是什么原因导致了自己的不良情绪。一旦找到不良情绪的导火索，再通过自己的思维和行为方式进行调整，逐渐克服自己的不良情绪。

4. 暗示调节法

当不良情绪产生时，可以首先在心理上进行自我暗示，如深呼吸或心里默念"不生气，不生气"，以控制自己的情绪。

5. 推迟法

当激情在某种情景中突然发生时，下一秒会让事态进一步激化。例如，当服务人员和旅游者产生矛盾冲突时，如果进一步直接接触，往往会使双方矛盾激化，产生难以控制的严重后果。在这种情况下，服务人员可以迅速离开现场，让头脑慢慢冷静下来，推迟情绪的爆发。有时，也可以在即将发怒时，先数数，从1数到10，跳过激情产生的关键时期。

6. 转移注意法

把注意力从消极情绪转移到积极的方面去。人在烦恼时，大脑皮层会出现一个强烈的兴奋中心，如果此时另找一些新颖的刺激，就会冲淡或抵消原来的兴奋中心。当人一旦出现烦恼情绪的征兆，就转而投入自己喜爱的活动中，以淡化原来的消极情绪。

链接

拓展学习

【拓展阅读】
分手了，如何从失态的阴影中走出来

心遐想

体验客人的情绪感受

一天深夜，某三星级酒店大堂来了4位客人，他们要求开两个标准间，前厅的接待员查看了房间状态后，就紧张地忙碌起来。从选房到分配房间，再到制卡、登记等各个环节都很快速，4位客人很快就拿到房间的门卡，愉快地登上了电梯……

谁知当他们开门进房时，却发现房间已有客人入住，楼层服务员立即表示歉意，并请客人稍等，待她询问一下再说。但4位客人非常生气，立即乘坐电梯返回大堂，质问这是怎么回事。当客人在大堂大吵大闹时，保安走了过来予以阻止。于是，客人更加生气了，上去就扭住保安的胳膊，酒店值班经理连忙跑过来……

（1）模拟此时客人生气时的面部表情、说话的言语方式。

（2）想象此时保安的心理状态和情绪特征，并体验客人此时可能有的情绪感受。

（3）如果你是当时的酒店值班经理，你会如何稳定客人的情绪？

第三节　旅游服务人员的压力应对

张先生的烦恼

张先生是一家四星级酒店的前厅经理，他热爱自己的本职工作并且完成得十分出色，在酒店里的人缘很不错，领导对他也很赏识。然而，在过去一年里，由于被提拔到现在的职位，他产生了一种莫名其妙的不适感，经常感到尽管自己工作颇有成效，可还是不够出类拔萃，这种焦虑的情绪深深地浸入他的意识之中。他开始延长工作时间或把工作带回家，甚至常常在深夜打电话到酒店前台，关照夜班的服务人员，生怕会出什么差错。因为休息不好，精力似乎也不如从前。他感到筋疲力尽，却仍然担心第二天的工作出现差错。周围的同事鼓励他说：“你很优秀，一直都是最好的，现在也一样。”但张先生越来越担心，感觉自己身上的压力越来越大，自己已经做不好工作，不知道能撑到什么时候，情绪越来越沮丧，身体状况似乎也不如从前了。当初升职时的喜悦之情也荡然无存。

张先生由于升职引起了工作责任加大和对自己过高的心理期望，给他的工作和生活带来了很大的心理压力，从而引起情绪焦虑和身体上的不适，使其处于疲劳和沮丧的情绪之中。

人生何处无压力？人类总是在压力中生存，在压力中发展。随着人类社会的进步，世界变得越来越具有挑战性，压力特别是心理压力对人们的干扰日益严重，成为大家必须正视的重要问题。

> 链接
>
> 拓展学习
>
> 【拓展阅读】什么样的压力“杀”你于无形？
>
> 

一、压力概述

从心理学角度看，压力是心理压力源和心理压力反应共同构成的一种认知和行为体验过程。通俗地讲，压力就是一个人觉得自己无法应对环境要求时产生的负性感受和消极信念。

压力具有双重性质。一提到压力，很多人就会神经过敏、心生焦虑，压力总是给人以紧张、不安的心理感受。不过，在生活中感受到适当的压力却是正常的、必须的，而且是有益身心健康的，学会合理应对压力即可。压力就像一根小提琴弦，没有压力，就不会产生音乐；但是，弦如果绷得太紧，就会断掉。

二、压力的反应

（一）生理反应

个体在压力状态下会产生一系列生理反应，主要表现在人体的新陈代谢出现紊乱、心率加快、血压升高、头痛等。正常的压力可以调动机体的潜在能量，但如果这些反应成为持续性的病理性改变时，则会成为生理疾病，如高血压、冠心病、消化系统疾病等。

（二）心理反应

压力引起的心理反应有警觉、注意力集中、思维敏捷、精神振奋等，这些属于适度的心理反应，有助于个体应付环境变化。例如，服务人员在工作中由于竞争产生的适度压力，可以使工作效率更高、工作成果更出色。

过度的压力则会带来负面心理反应，如忧虑、焦躁、抑郁等悲观消极情绪，使人思维狭窄、自信心减弱、注意力分散。个体为缓解压力而产生的最普遍的心理反应是利用防御机制，以减少压力引起的忧虑的心理意向。常见的心理防御机制表现形式有如下几种。

1. 合理化

合理化是指个体采用合理的理由来解释其所遭受的挫折，尽力将个体行为归因于社会认可的范围。例如，伊索寓言中的“酸葡萄心理”和“甜柠檬心理”就是这种防御形式。在文学作品中，“阿Q精神”“谋事在人，成事在天”都属于这种自我安慰。

2. 转移

转移是指把不满足或愤怒的情感发泄到一个“安全”对象上，而不是在可能使其遭受惩罚的地方。例如，一位员工受到经理的严厉批评后，会摔杯子或发泄到毫不相干的顾客身上。

3. 投射

投射，即将自己不当、失误、不合需要的思想和动机转移到他人身上，或把自己不能接受的欲望归结为他人的。例如，人际关系不好的员工总会认为周围的人不喜欢自己，所以自己才不喜欢别人，以此来掩饰自己的孤立。投射的目的在于把自己的“缺陷”加于他人以维持心理平衡，发展严重则会成为妄想症等精神疾病。

4. 抑制

抑制是一种动机性遗忘，把不愉快的经历和体验抑制到无意识中，不去回忆，主动遗忘。例如，一位员工因一时糊涂偷了同事的钱财，事后后悔。于是，他拼命想忘记这段经历，可是遇到同事丢东西就害怕被怀疑，从此变得害怕见到同事。

5. 退化

退化是指个体在做出压力反应时退回到早先不成熟的发展水平，表现出幼稚的行为。这是一种反常现象，如受挫折后抱头大哭、破口大骂、蒙头大睡、装病不起，都是幼稚的退化行为。

（三）行为反应

压力的行为反应是指受到压力的个体在克服压力的意图方面进行的公开活动，主要包括以下几种。

1. 问题解决

问题解决是个体面临压力时最典型的反应，也是最有效的反应。问题解决是注重现实的，以消除压力因素或减少它的影响为目标，而不以在短期内让人摆脱焦虑为目标。例如，当一种尝试性的问题解决方案不能生效时，人们就会实施另一种方法。

2. 退缩

退缩即避开压力因素，也是对压力的最基本反应之一，是一种“知难而退”的行为反应。在工作中，常常表现为员工因不堪压力，缺勤或离职，逃避现实以获得暂时的释放。然而，这种逃避的方式只是暂时的，压力仍然存在。

3. 运用添加物

运用添加物是指借助外在的事物来暂时转移注意力。压力过重时，个体采用的添加物一般都是负面的、有害的，也是不好的行为反应。这些负面添加物常使人上瘾并产生副作用，长期使用不仅不会消除压力，还会严重影响人的身体和心理健康。因此，应尽量避免运用添加物来缓解压力。

三、如何应对压力

过度的压力不仅危害旅游服务人员个体的身心健康、削弱工作能力，还会给旅游企业造成消极影响。如何应对压力是旅游服务人员和旅游企业共同研究与解决的目标。

（一）寻找压力源

所谓压力源，就是那些导致我们身心紧张状态的情境或事件，如工作量过大、职业发展前景暗淡、人际关系紧张、情绪情感问题等。弄清楚压力的来源后，就可以采取相应的措施来应对压力。如果是知识欠缺造成了压力，那么就去给大脑“充电”；如果是人际关系等方面存在问题，那么就多向有经验的人学习，多找公司同事沟通。通过不断弥补自身的缺点和不足来完善自我，将压力变成自己进步的动力。

（二）不断调整自己的心态

在各种工作压力下，人难免有情绪低落、无精打采的时候，从而影响自己的工作。为此，需要及时采取各种措施，如运动、读书、聊天、娱乐等方式，不断调整自己的心态。积极的心态是战胜压力的法宝，能够让人正视困难，始终保持清醒，从而找到解决问题的方法。

（三）加强时间管理

工作压力的表现之一就是感觉时间不够用，无法应对所有必须完成的工作。学会时间管理可以帮助人们更好地应对工作所带来的压力。每天列出要完成的工作，根据重要程度对事情进行排序，在最清醒、最有效率的时间段完成最重要的部分。这样，在提高工作效率的同时也带来成就感。

（四）培养兴趣，充实自己

压力管理大师戴维森在《完全傻瓜手册——如何舒解压力》中写道，“要想在压力环境下自由呼吸，培养一个兴趣或嗜好是必不可少的，这样可以使自己的身体、精神和神经能够获得敏捷、放松，为解决压力问题增添动力”。职业压力是现代人不得不面对的一个问题，面对职业压力的时候，要对最坏的局面有心理准备并勇敢地接受，同时通过不断学习、及时充电，不断提高自己的职业心理素质和职业竞争力。只有这样，才能在职场上获得安全感，有效减轻职业压力。

（五）建立减压机制

旅游企业要在企业文化、企业环境方面塑造良好氛围，帮助员工学会缓解压力、减轻或消除压力。例如，在企业定期进行针对员工和家属的专业指导、培训、咨询，维护员工的心理健康；提供员工释放压力的场所、排解压力的书籍和音乐等。

心遐想

（1）想一想在你的生活中，哪些方面会让你感到压力？并按照压力大小从大到小排列。

你的压力来自：________________________________

应对压力的措施：________________________________

你是否觉得压力有坏也有好，为什么？

（2）下面是3种压力应对方式，你会选用哪一种呢？

A. 控制式：通过改变自己的行为或环境，来改变自己的情绪状态和个人与环境的关系，这是最优的压力应对方式。

B. 支持式：利用个人或社会的资源支持来对压力做出反应，如转移注意力、向别人寻求帮助或进行压力的宣泄等。它的不足之处是过于依赖环境和资源，一旦支持的资源发生匮乏，就会导致压力适应紊乱。

C. 回避式：消极地忽略或回避压力，调节由压力引起的情感上的不适。它的不足之处是当压力累积超过一定限度时，就会造成心理崩溃。这是应尽量回避的一种压力应对方式。

心思考

（1）什么是心理健康？你知道如何衡量一个人的心理是否健康吗？

（2）什么是情绪？怎样调节旅游服务人员的情绪？

（3）什么是压力？压力会给人带来哪些影响？如何应对压力呢？

心思路

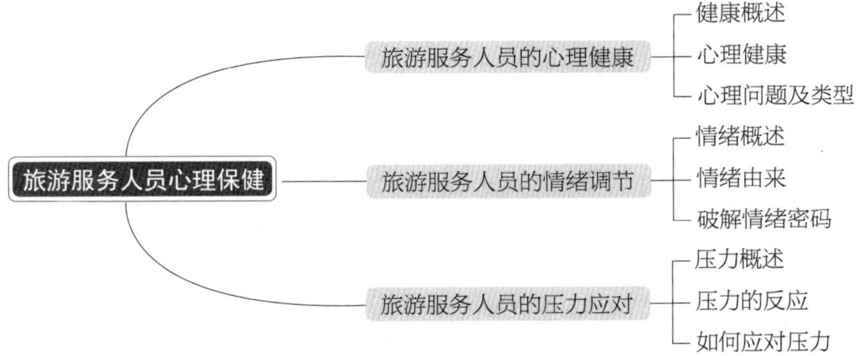

心笔记

第三章　旅游活动中的心理

心之语

天朗气清，惠风和畅，仰观宇宙之大，俯察品类之盛，所以游目骋怀，足以极视听之娱，信可乐也。

——王羲之

心起航

“这个世界不只有眼前的苟且，还有诗与远方。”这句话充满了唯美主义，感动了很多“70后”“80后”。旅游为什么会让人着迷，这是因为旅游是一种寻找新的生活方式、新的景色、新的美食、新的感官、新的风情的过程，这样的过程有着强大的吸引力。俗话说：“读万卷书，行万里路”。旅游中的所见所闻，可以拓宽一个人生命的宽度，人生的意义不只是在乎活了多久，那只是生命的长度，只有热爱旅游、走遍世界的人，才有生命的宽度，这样的人生才会变得更有意义和价值。

心目标

（1）掌握旅游过程中的主要心理现象及其功能。

（2）认识注意的特征和种类，了解引起注意的原因以及注意在旅游活动中的运用。

（3）理解旅游中感觉和知觉的现象和规律，体察社会知觉对旅游活动的影响。

（4）熟悉并掌握记忆的过程和遗忘规律，提高旅游者的记忆能力。

（5）掌握解决问题的思维过程，培养良好的思维能力。

（6）掌握表象和想象的含义及特点，培养和发展自己的想象能力、意识。

第一节　注　意

一、注意概述

（一）注意的定义

注意是心理活动对一定对象的指向和集中。指向性是指心理活动有选择地反映一些现象而离开其余对象。集中性是指心理活动停留在被选择对象上的强度或紧张度。

注意并不是一种独立的心理过程，而是伴随着感知觉、记忆、思维、想象等心理过程的一种共同的心理特征。人在注意着什么的时候，总是在感知着、记忆着、思考着、想象着、体验着什么。人在清醒的时候，每一瞬间总是注意着某种事物。通常，所谓“没有注意”，不过是对当前所应当指向的事物没有注意，而注意了其他无关的事物。

（二）注意的特征

1. 注意的广度

注意的广度也叫注意的范围，是个体在同一时间里能清楚地把握对象的数量。一般成人能同时把握4～6个没有意义联系的对象。因此导游在介绍景点的时候，要掌握度，不宜同时介绍过多景点，超过注意对象的观察范围，也就失去了效果。图3-1中的事物种类和个数均较多，人们观察时就容易注意力分散。

图3-1　注意力

2. 注意的稳定性

注意的稳定性是个体在较长时间内将注意集中在某一对象上的特性。注意维持的时间越长，注意越稳定。与注意稳定性相反的注意品质是注意分散，即平常说的分心。

3. 注意的分配

注意的分配也就是通常所说的“一心二用”，是指个体的心理活动同时指向不同的对象的特点，如一边骑自行车，一边听音乐。注意分配的条件是，同时进行的活动只有一种是不熟悉的，其余活动都达到了自动化的程度。

4. 注意的转移

注意的转移是个体根据新的任务，主动地把注意由一个对象转移到另一个对象上。原先的注意越集中，转移就越困难。但是若新对象符合旅游者的需求，则转移就相对容易和迅速。

（三）注意的种类

根据产生和保持注意时有无目的以及抑制努力程度的不同，注意可分为无意注意、有意注意和有意后注意 3 种类型。

1. 无意注意

无意注意是指事先没有预定的目的，也不需要作意志努力的注意。例如，某位旅游者平时非常喜欢旅游，平时在生活中就会经常关注各种旅游类的信息；某位旅游者到旅游商场本来只是随便走一走、看一看，但看到商场正在搞促销活动，且其他旅游者也都纷纷在购买促销商品，从而被促销商品吸引而产生的注意就属于无意注意。

2. 有意注意

有意注意是指有预定目的，需要做一定努力的注意。我们工作和学习中的大多数心理活动都需要有意注意。工人上班，学生上课，交警指挥交通，都是有意注意在发挥作用。在旅游活动中，旅游服务人员即使身体有不适，但为了能够提供优质服务，需要克服疾病继续做好服务工作。

3. 有意后注意

有意后注意是指有自觉的目的，但不需要意志努力的注意。例如，一开始学习旅游心理学会觉得这门课程全是概念且枯燥无味，很容易感到疲倦。但是随着学习的深入，在对这门课产生了兴趣以后，就可以不需要意志努力而继续保持注意了。

链接

拓展学习

【拓展阅读】
有意注意和无意注意的巧妙运用

二、引起注意的因素

（一）引起无意注意的因素

引起无意注意的原因包括两个方面，即刺激物的特点和人的内部状态。同时，这两方面的原因是密切联系的。

1. 刺激物的特点

（1）刺激物的强度。强烈的光线，巨大的声响，浓郁的气味，都会引起我们不由自主的注意。就刺激物的强度而言，固然强烈的刺激物能引起人们的注意，但是刺激物的相对强度在引起无意注意时更具有重要的意义。所谓刺激物的相对强度，是指这个刺激物与其他刺激物的强度相对比较而言。一个强烈的刺激物如果在其他强烈刺激物构成的背景上出现，就可能不会引起人们的注意；相反，一个不甚强烈的刺激物，如果在没有其他刺激物的背景上出现，则可能引起人们的注意。例如，在喧嚣的地方，即使是很大的声音，也不会使人们注意，而在寂静的夜晚，轻微的耳语声也能引起人们的注意。

（2）刺激物之间的对比关系。刺激物之间的强度、形状、大小、颜色或持续时间等方面与其他刺激物的差别特别显著、突出，就容易引起人的无意注意。例如，一群孩子中站着一个大人，以及花坛中“万绿丛中一点红”，都容易引起人的注意。

（3）刺激物的活动和变化。活动的刺激物、变化的刺激物比不活动、无变化的刺激物容易引起人们的注意。例如，大街上的霓虹灯有规律地一亮一灭，很容易引起行人的注意。在旅游娱乐表演中，主要演职人员嘹亮的歌声和动感的舞蹈能够吸引旅游者更多的注意力。

（4）刺激物的新异性。外形新奇、功能独特的事物往往容易引起人们的注意。所谓好奇心，就是人们对新异刺激的注意和探求。探新猎奇是许多旅游者旅游的目的，然而，目前许多国内旅游社千篇一律的旅游线路、似曾相识的旅游景点对旅游者的吸引力明显不够。旅行社要在新、奇、特等方面多下功夫。例如一条普通的马路，但在路中央加上3条彩色线条，就能成为“彩虹公路”，成功吸引无数旅游者前往“打卡”旅游（见图3-2）。

图3-2 溧阳“彩虹公路”

链接

拓展学习

【拓展阅读】
我真的很讨厌被“轰炸”而来的微信消息影响

心遐想

“彩虹公路”的设计别具匠心，花费的成本不高，却能成为一处热门的旅游景点。在目前旅游者对旅游的要求越来越高、需求越来越个性化的背景下，你是否也会产生许多奇思妙想呢？

2. 人的内部状态

（1）需要和兴趣。凡是能满足一个人的需要和兴趣的事物，都容易成为无意注意的对象，因为这些事物对他具有重要的意义。例如，人们每天都会上网，但注意的消息往往有所不同。年轻人更多地注意时尚、旅游方面的咨询；中老年人更多地关注民生、医疗新闻。一位想进行观光旅游的旅游者，会注意到山水风景方面的宣传广告；一位经常喜欢购物的旅游者则会注意去哪些地方旅游有更多新奇的事物，从而满足自己的需求。

（2）情绪状态。凡能激起某种情绪的刺激物都容易引起人们的注意。此外，当一个人精神饱满，情绪稳定，平常不太容易引起注意的事物，这时也很容易引起他的注意；当一个人无精打采或过于疲劳时，平常容易引起注意的事物，这时也会忽视。当旅游者心情轻松、愉悦时，他所欣赏到的美景很多，山水、人物、风貌都能引起他的注意；当旅游者心情压抑、烦闷难受时，任何景色都无法吸引旅游者的注意力，他可能会对这一切视而不见，沉浸在自己的世界中。

（3）知识经验。与个体的知识经验相关联的事物更容易进入注意的范围。前面已经提到新异刺激物容易引起无意注意，但如果人对它一点也不理解，即使一时引起注意，也会很快失效。如果人对新异的刺激物有一些理解，但又不完全理解，为了求得进一步的理解，就能引起长时间的注意。例如从事教育行业的旅游者在旅游过程中，总是会无意地关注导游对景物的讲解，听得入神。

（二）引起有意注意的因素

有意注意需要意志努力，因此容易产生疲劳。只有了解有意注意产生和维持的条件，才能保证各种心理活动的顺利进行。

1. 活动的目的和任务

有意注意的重要特征是有明确的预定目的。对活动目的理解得越清楚、越深刻，完成任务的愿望越强烈，就能更好地实现注意的维持和调节作用。所以，旅游时导游可以事先向旅游者说明此景点的游览价值，激发旅游者的有意注意，保障游览活动顺利进行。

2. 内外因素的干扰

干扰分为外部干扰和内部干扰。外部干扰可以是与旅游活动内容无关的外部刺激；内部干扰包括主体生理上的疲劳、疾病以及消极的情绪。因此，导游员要有意识地调节旅游者的注意力，尽可能地使他们不受内外干扰因素的影响。维持旅游者的有意注意，对于成功组织旅游活动而言是非常重要的。

三、合理利用注意力，优化旅游服务

（一）提高旅游者注意的稳定性

图3-3 注意的稳定性

注意的稳定性是指注意能够长时间地保持在对象上，与注意稳定性相对的是注意的分散。如图3-3所示，当人们盯着这幅图时，会感觉图中各个圆圈图案都在旋转，一时不知道该观察哪个。在旅游活动中，要合理安排旅游活动，使旅游者在旅途过程中保持长久的注意力。例如在景点安排上，应注意自然资源和人文资源的有机结合。如果去了南京玄武湖，后去中山陵，再去栖霞山，就会让旅游者感到乏味，失去兴趣。如果旅游者去了南京玄武湖，后去总统府，再到夫子庙走一走，那么就会让旅游者兴致盎然，尽享旅途乐趣。

防止旅游者注意力的分散，还要注意排除各种干扰因素。如果是学术性的会议旅游，酒店的选址就应尽量安排在远离闹市区和大型购物中心的地方，以避免各种商业气息氛围的干扰，从而提高会议的效率。

提高注意的稳定性一般从明确活动的目的和培养对活动的兴趣两方面着手。对活动的目的和任务明确或理解得透彻，就不容易分心。而在做那些自己很有兴趣的事情时，能够长时间保持高度的注意集中，甚至可以达到“废寝忘食”的程度。导游在旅途过程中，要及时向旅游者介绍每日的游览安排，重点活动项目是什么，有什么特色活动项目，重点观察什么，从而激发旅游者的游览兴趣，带着明确的观察目的和任务，提高旅游者注意的稳定性。

（二）扩大旅游者和旅游服务人员的注意范围

1. 丰富个人的知识经验

对于熟悉的事物，通常注意范围会比较大些；对于陌生的事物，注意范围就比较小些。作为一名有经验的餐厅服务员，能够同时照顾四五席客人就餐的情况；而一些新服务员往往容易手忙脚乱，应付不过来。

2. 明确任务要求

任务越重要、要求越明确，人在注意时精力就越集中，注意的范围就越大。

作为一名优秀导游，在接到一个新的旅游团队时，就要努力了解旅游者的相关信息，如团员的姓名、年龄、职业等，从而进一步了解整个团的特点，明确带团的注意事项，制定相应的带团策略。制定的任务越明确，在带团旅游的过程中，导游的注意力越集中，关注到的旅游者范围越大，从而及时满足旅游者的不同需求，效果越好。

（三）合理分配人们的的注意力

合理的注意分配需要符合以下两个条件：

（1）在同时进行的活动中至少有一种已经达到非常熟练的程度。在同时进行的多项活动中，只能有一种活动是生疏的，需要集中注意于该活动上，而其余动作必须达到一定的熟练程度，可以不假思索地稍加留意即能完成。

（2）这些活动不能相互排斥。当它们之间形成某种反应系统后，组织得更加有合理性时，注意分配才容易完成。

图3-4 几张人脸

注意力的表现是有个别差异的，有的人注意的转移和分配能力较强，有的人则稍弱；有的人注意的范围很广，有的人则较狭窄；有的人注意比较稳定，有的人则容易分散。这些个别差异与个人的神经机能状态有一定的关系，但主要还是由于实际生活、教育和训练的不同而造成的，所以通过系统的实践锻炼和主观的努力，可以提高自己的注意力。如图3-4所示，图中除了骑马的人外，山间乱石、草木和溪流的不同组合、位置则构成几张人脸。如果仔细观察，就能发现这有趣的现象。

第二节 感觉和知觉

在旅游活动中，旅游者会接触大量的事物，每一种事物都是由多种个别属性综合而成的。感觉和知觉是人们了解世界的一种心理过程，风景、名胜古迹、旅游中的衣食住行等都是通过人们的感觉和知觉来形成印象的。感觉与知觉是两种紧密联系的心理活动过程，感觉是认识的开端，知觉是在感觉的基础上形成的。旅游是给人提供丰富的、新异的感官刺激的一种最好的休闲娱乐活动方式。

一、感觉概述

（一）感觉的含义

感觉是人脑对直接作用于感觉器官的客观事物个别属性的反映。人对客观世界的认识过程，是从感觉开始的，通过视觉反映不同的颜色，通过嗅觉获得刺激物的气味特点，通过皮肤感觉客观事物的光滑和粗糙程度等。

（二）感觉的分类

感觉分外部感觉和内部感觉。外部感觉包括视觉、听觉、嗅觉、味觉、肤觉（温觉、冷觉、触觉和痛觉）。内部感觉是指接受机体本身的刺激，反映自身的位置运动和内脏器官不同状态的感觉，包括运动觉（身体的位置变化和运动，如前臂摆动、两个食指接触、后背挠痒）、平衡觉（头部运动的速率和方向，如转圈再行走、体操运动、晕车晕船、宇航员失重）、机体觉（内脏的活动和变化，如身体疲劳、饥渴和内脏器官活动不正常）。

旅游者是通过不同的感觉器官来感受旅游活动的。旅游资源的开发、旅游景点的设计首先要满足人们视觉上的享受，能够感受到生活中不常看到的其他方面。例如，欧美国家的人对中国的文化习俗、风景名胜颇感兴趣；乡村的人们向往城市的摩天大楼、购物中心；城市的人们留恋乡村的恬淡生活、自然风光；蔚蓝的大海、辽阔的草原则同样吸引着不同的人群，因为这些不同场景能极大满足他们的视觉感受。

人们从外界接受的信息超过20%是“听”来的，“有声有色”是一种审美境界。旅游并不完全是在默默深思和欣赏，人们的听觉蕴藏着一个巨大的市场。在旅游中，导游应当让旅游者静心听一听寺庙的钟声、山泉的流动、鸟儿的鸣叫和当地的传说故事，从而让旅游者深深地融入旅游活动中。

“民以食为天。”吃之于旅游，不是一个简单的填饱肚子的问题。打造令人舒适的旅游过程要高度重视饮食文化，给旅游者以良好的味觉体验。很多旅游目的地是名副其实的“美食天堂”，旅游者既能欣赏美景又能品尝美食。例如，“上有天堂，下有苏杭”中的杭州，除了著名的西湖美景之外，特色美食也吸引着中外旅游者。北宋苏轼曾盛赞“天下酒宴之盛，未有如杭城也”，当地知名菜肴有西湖醋鱼、东坡肉、龙井虾仁、干炸响铃等（见图3-5）。

图3-5 舌尖上的中国

心遐想

（1）你知道中国的八大菜系分别是哪些吗？它们各有什么特色？

（2）目前，我国的一些旅游社没有充分认识到美食与旅游体验之间的密切关系，提供的旅游餐品质差，就餐环境也差。请你根据中国的美景、美食设计一条“舌尖上的旅游”线路。

嗅觉能够在其他感觉之前反映周围环境，好的气味让人神清气爽，产生愉快、温暖、安全的感觉。二十世纪七八十年代，我国很多旅游景点的公共厕所由于肮脏、气味难闻，遭到国内外许多旅游者的反感，使旅游景点的观赏效果大打折扣，严重阻碍了我国旅游业的发展。现在很多酒店在大厅的空调系统里增加香薰，使用东方花卉等植物精油，体现了精品酒店的高雅品位。

各种媒体网络上的旅游风光宣传片经常让人“心动”，然而再优秀的宣传片也无法让人“身临其境”，无法让人切身体会到漂流的惊险、登上山顶的兴奋。只有真正走出家门，用自己的手、脚、皮肤去全面接触沙滩、冰雪、海洋，才能真正体会到旅游带来的奇妙感受。

（三）感觉的特点

1. 感觉的适应性

刺激物对感受器官的持续作用，使感觉器官的敏感性发生变化的现象，称为感觉的适应。俗话说：“入芝兰之室，久而不知其香；入鲍鱼之肆，久而不闻其臭。”这就反应了嗅觉的适应现象。视觉的适应可分为暗适应和明适应两种。例如，当从明亮处进入已熄灯的电影院，开始时什么也看不清，过一段时间，就能分辨物体的轮廓，这是暗适应。相反，当离开电影院走到光亮处，开始时感觉光线耀眼眩目，什么都看不清楚，稍过几秒钟就能看清周围的物体，这是明适应。嗅觉的适应速度因刺激的性质而有所不同，一般的气味1—2分钟即可适应，而强烈的气味则要经过10多分钟。但是，人对刺激性的疼痛很难适应。

2. 感觉的对比性

同一感受器官在不同刺激物的作用下发生起伏波动的现象，称为感觉的对比。如图3-6所示，不同颜色大方块中的小方块看起来颜色各不相同，但其实所有小方块的颜色是相同的。这就是感觉对比所产生的奇妙现象。感觉对比分为同时对比和继时对比两种。同时对比现象发生于几种刺激同时作用于同一感觉器官时。例如，白昼看不到繁星，闹市听不清其他人话语等都属于同时对比现象。不同刺激先后作用于同一感觉器官，产生继时对比现象。例如，先吃糖紧接着吃醋感觉醋更酸，先吃杨梅再吃苹果感觉苹果更甜。

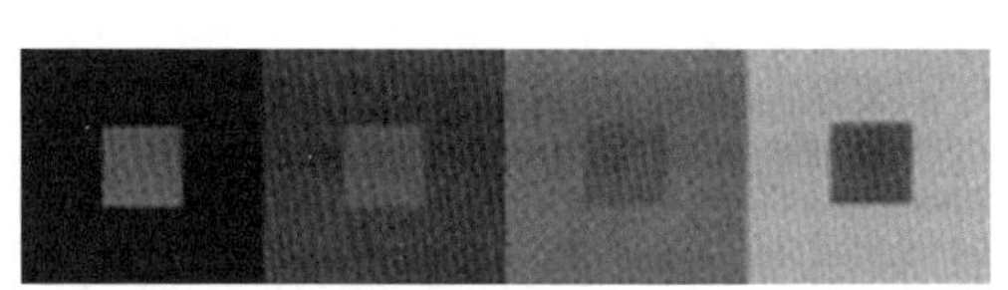

图3-6 感觉对比

链接

拓展学习

【拓展阅读】

感知往往比现实更重要？

3. 联觉

一种感觉引起另一种感觉的现象称为联觉，它是感觉相互作用的一种表现。例如，听到马头琴声，就好像看到了茫茫草原，这就是一种视听联觉。“巍巍乎志在高山，洋洋乎志在流水”则是通过视听联觉，形成美好的感受。

“感觉剥夺”实验

1954年，加拿大麦克吉尔大学的心理学家首先进行了“感觉剥夺”实验。实验中给被试戴上半透明的护目镜，使其难以产生视觉；用空气调节器发出的单调声音限制其听觉；手臂戴上纸筒套袖和手套，腿脚用夹板固定，限制其触觉。被试单独待在实验室里，几小时后开始感到恐慌，进而产生幻觉……在实验室连续待了三四天后，被试会产生许多病理心理现象，如出现错觉、幻觉；注意力涣散，思维迟钝；出现紧张、焦虑、恐惧等情绪，实验后数日方能恢复正常。

这个实验表明：大脑的发育，人的成长成熟是建立在与外界环境广泛接触基础之上的。只有通过社会化的接触，更多地感受到和外界的联系，人才可能拥有更多的力量，更好地发展。

二、知觉概述

感觉和知觉是人的智慧之门。中国自古就有“见多识广”“读万卷书，行万里路”的说法。在旅游活动中，人们不仅能愉悦身心，而且可以学习和体验到其他地区、民族、国家的文化风俗，增长生活智慧。个体可通过旅游知觉获得新的知识和不同体验。当旅游者到达一个旅游景点时，看到绿色的风景，闻到清新的空气，听到泉水的声音，就在大脑中产生关于这个景点的整体印象——这是美丽的自然风景区。

（一）知觉的概念

知觉是人脑对直接作用于感觉器官的客观事物的整体属性的反映。人分别对橘子的颜色、气味、形状等个别属性进行的反映，就是感觉；而通过这些感觉的整合认知所反映的对象是一个橘子，就是知觉。纯粹的感觉是没有意义的，只有它与具体的事物联系在一起才有意义。白色是感觉，而一片白茫茫的雪地就是知觉。一声巨响是感觉，一声春雷则是知觉。

（二）知觉的分类

根据事物的空间特性、时间特性和运动特性的不同，可以把知觉分为空间知觉、时间知觉、运动知觉和错觉。

1. 空间知觉

空间知觉是对物体的形状、大小、距离、方位等空间特性的知觉，主要包括大小知觉、形状知觉、距离知觉、方位知觉。苏东坡在《题西林壁》中写道：“横看成岭侧成峰，远近高低各不同”，即从正面、侧面、远处、近处、高处、低处看，庐山呈现出不同的形态。空间知觉的特性，让旅游者在欣赏旅游风景时更能发觉美感（见图3-7）。

图3-7 山水画欣赏

2. 时间知觉

时间知觉是指人对客观物质现象延续性和顺序性的反映。提供时间线索的客观依据包括自然界的周期性变化、计时工具、人体有节律的生理过程、情绪因素、知识经验等。有的旅游者来到一个远离市区的乡村，安静的氛围，平静的湖面，感觉时间都停止了一般，便是时间知觉的表达。

3. 运动知觉

运动知觉是指人对物体在空间位移的知觉。旅游者可以通过运动知觉来分辨物体的静止和运动以及运动速度的快慢。旅游者在旅途中的周围景物都是在不断运动和变化的，如旅游巴士的速度快慢、轮船的航行与停靠、瀑布的奔流、电梯的升降等。

4. 错觉

错觉是对客观事物的歪曲知觉，这种歪曲是在一定条件下产生的，只要这种条件存在，歪曲就必然产生，而且通过主观努力是纠正不了的。例如，横竖两条等长的垂直的线段，看起来竖线比横线长，这就是横竖错觉。这种错觉是无法避免的，而且无论谁来看都会觉得竖线比横线长。如图3-8所示，就是常见的几何图形错觉。在两幅圆圈图中，两个黑色实心圆四周围着大小不同的空心圆圈。事实上，中间的黑色实心圆大小是一样的，但很多人会认为右侧的中央黑色实心圆比左侧的大。这是因为周围环境的对比，促使了大小错觉的产生。

在旅游服务工作中，可以充分利用错觉原理。例如，在面积狭小的餐厅四周墙壁上安装巨大的镜面玻璃，就会使人感觉餐厅十分宽敞。

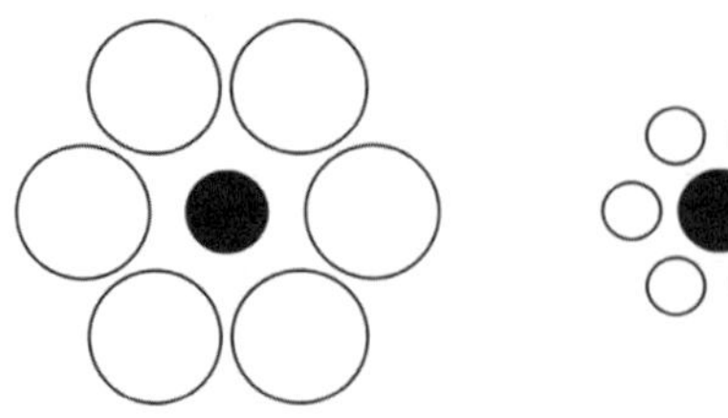
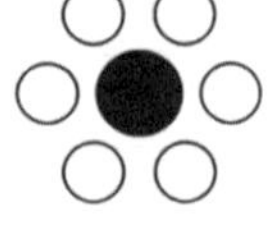

图3-8 几何图形错觉

（三）知觉的特性

1. 知觉的整体性——知觉对象部分与整体的关系

知觉对象是由许多部分组成的，但是人们并不把对象感知为许多个别的、孤立的部分，而总是把它感知为一个统一的整体，这就是知觉的整体性。如图3-9所示，人们在看完左图和右图后，会将图中的不同事物看做一个整体，而不是当作一个个独立的不同事物来看待。在旅游活动中，旅游者总是把旅游活动作为一个整体来知觉，把食、住、行、游、购、娱等各个方面综合起来进行认识，从而对旅游活动做出整体评价。旅游者到南京旅游，不仅会关注南京的风景名胜、留意沿途所见的市容市貌、了解风土人情，还会留意旅游从业人员的言行举止，把在南京旅游活动的过程知觉成为一个整体，形成对南京整个城市的整体印象。

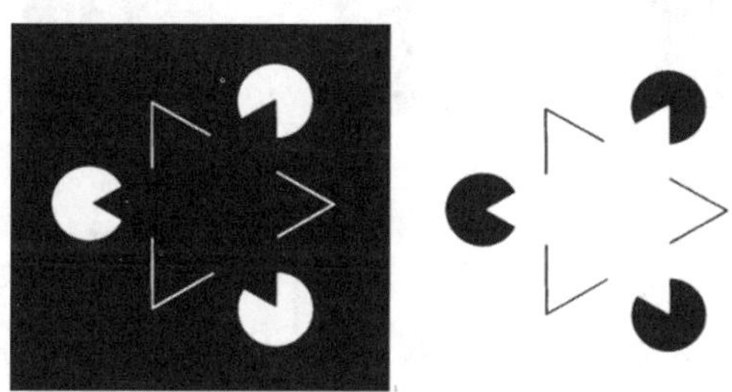

图3-9 知觉的整体性

2. 知觉的选择性——知觉对象和背景的关系

知觉的选样性是指知觉在一定的时间内并不感受所有的刺激，而仅仅指向能够引起注意的少数刺激物。例如，在辽阔的澳大利亚荒野上，人们会极易关注到“魔鬼岩石”——艾尔斯岩石；在沙漠中，人们容易看见绿洲；在无边的大海上，人们的视觉很容易被船只、海鸟和白云所吸引。古人云：“仁者乐山，智者乐水。”山水并存，乐山或乐水，取决于人的知觉选择。如图3-10所示，如果我们清楚地知觉到左图中的物品是白色的杯子，那么黑色区域就被当成背景；如果我们知觉到的是黑色的人脸侧影，那么白色区域就被当成背景。人们按照某种需求，有意识地选择某种事物作为知觉对象，而周围的其他事物则成为知觉的背景。

图3-10 知觉的选择性

3. 知觉的恒常性——知觉条件和知觉结果的关系

知觉的恒常性是指当知觉的条件发生变化时，知觉的对象仍然保持相对不变（见图3-11）。由于客观事物具有稳定性，人类认识世界也必须有相应的稳定性，如果外界条件的细微变化就会导致知觉的变化，那么人类就无法认识千变万化的世界了。例如，我们看到一个人依次站在离我们3米、5米、10米远的地方，虽然我们的视网膜上的映象在这些不同条件下是在改变着，但我们所看到的这个人的大小却是相对不变的。

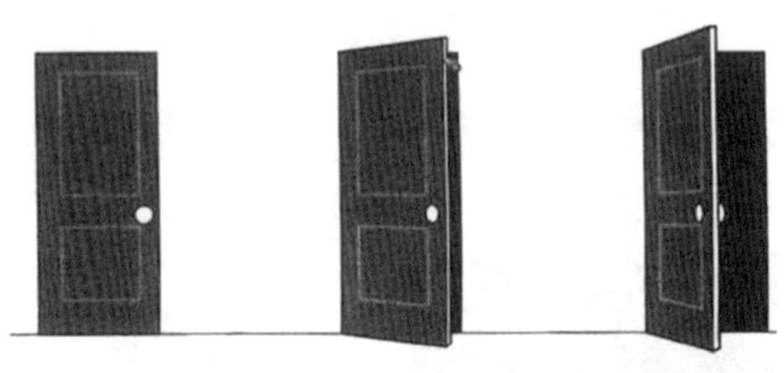

图3-11 知觉的恒常性

登过泰山的旅游者都会有“会当凌绝顶，一览众山小”的豪迈之情，当泰山被云雾遮住时，虽然看不见泰山，但旅游者仍然能够感知泰山的雄伟和壮丽。这就是知觉的恒常性。

4. 知觉的理解性——个体经验不同对知觉对象赋予的意义不同

知觉的理解性是指人们借助已有的经验和知识，在思维的参与下对知觉对象加以理解和解释的过程。对知觉对象理解情况与知觉者的知识和经验直接相关。例如，一张X光片，非学医的人是很难看懂的，而医生就能从X光片中看出病人身体某部分的病变情况。如图3-12所示，虽然图中加粗的字母有变形或缺失，人们依旧能根据知识和经验，确定哪个字母是A、哪个字母是H，从而理解这句英文的含义。

THE CAT SAT
BY THE DOOR.

图3-12 知觉的理解性

知觉的理解性在旅游活动中有十分重要的意义，它会使旅游活动更富于乐趣，收获更多、更广。旅游者初次到一个旅游地，无论是自然风光还是人文景观，没有导游的讲解，旅游者会缺乏对景物的基本知识和文化的了解，也就不会感受到对景物本身的审美乐趣。例如张家界武陵源风景名胜区中的著名溶洞景点黄龙洞，因享有“世界溶洞奇观”“中国最美旅游溶洞”等赞誉而名震全球。导游员对钟乳石的特殊成因、历史、形态等进行专业的讲解，旅游者了解其内涵，才会“游兴跃然”，使旅游者的知觉才会更加深刻、精确。

（四）影响知觉的因素

知觉是主体对客体的感知过程，必然受到知觉对象本身特点和知觉者本人特点的影响。苏轼曾写道："西湖天下景，游者无愚贤。深浅随所得，谁能识其全。"旅游者对旅游景点的知觉受到旅游景点这个对象的客观因素和旅游者本人的主观因素的双重影响。

1. 知觉对象的因素

（1）知觉对象的刺激强度。刺激强度越大，越容易被清晰、深刻地感知。如果某一事物缺乏刺激强度，就不能引起人们的注意，也就不能被感知到。在旅游活动中，导游员讲解的声音必须达到可以刺激旅游者听觉的最低限度，才能有效地引起听觉器官的反应，否则旅游者就会"听不见"。例如，壶口瀑布奔腾的河水、隆隆的轰鸣声、喷薄的水雾就比上游静静流淌的河水更容易吸引旅游者的注意，从而被旅游者感知。

（2）反复出现的对象。反复出现的对象引导着人们的心理活动指向，重复的次数越多就越容易被知觉。旅游者若能够多次看到关于某个旅游地的旅游广告或宣传资料，或者经常听说某个旅游地的情况，就容易把它作为知觉对象，并产生深刻的知觉印象。

（3）新奇、独特的对象。新奇、独特的对象与背景的差别较大，容易从背景中区分出来。在旅游中，如果观赏到的景物颜色鲜艳、新奇、富于变化，就会引起人们的注意而把它纳入知觉。观光旅游发展了很多年，走马观花式的看景这样千篇一律的形式让很多旅游者感到乏味，旅游产品要想打动旅游者，必须做到有特色，让人有眼前一亮的感觉。例如在旅游活动中，安排旅游者入住富有草原特色的蒙古包，与蒙古族牧民一起喝奶茶，体验当地少数民族的日常活动（骑马、射箭等）。

（4）运动的对象。在固定不变的事物中，某个运动的刺激物容易成为知觉的对象。例如山上运行的缆车、湖上的游船等，正因为它们是运动的，所以很容易被旅游者感知。李清照的《如梦令》中写道："争渡，争渡，惊起一滩鸥鹭。"诗词画面中划船的少女、飞翔的鸥鹭，都容易成为人们知觉的对象。

2. 旅游者本人的因素

（1）需要和动机。在旅游过程中，只有满足旅游需要、符合旅游动机的事物，才能引起旅游者的注意，成为旅游者的知觉对象。在同一个旅游区，由于各种类型的旅游者具有不同的旅游需要和旅游动机，他们感知的范围、具体的对象及最终的整体知觉印象是不同的。例如，度假保健型旅游者的旅游目的是休闲、保健，他们往往选择风景怡人的度假型酒店，对酒店的休闲服务设施要求比较高；而商务旅游者由于业务方面的需求，往往选择城市交通发达、酒店位置优越的商务型酒店，对酒店的会议室、网络通信设施要求比较高。

（2）情绪和情感。情绪对人的行为既有激励作用，又有干扰作用。当旅游者处于愉悦的情绪状态时，会主动去知觉周围的景物，各种事物都会让他们觉得比实际状况更美好；当旅游者心情不佳时，知觉范围缩小，知觉主动性降低，即使是面对再好的景观，他们也会觉得索然无味。因此，旅游工作者应当努力使旅游者的情绪经常处于最佳状态，当旅游者情绪不好时，应当及时调节他们的情绪，尽力让他们乘兴而来、满意而归。

（3）兴趣和爱好。兴趣影响旅游者知觉的选择和程度。一般情况下，旅游者最感兴趣的事物往往最先被感知到，而不感兴趣的事物往往被排除在知觉之外。例如，喜欢大自然的旅游者，往往选择高山、飞瀑等作为知觉对象；对历史知识感兴趣的旅游者，往往把帝王古都、历史文物作为知觉对象；喜欢购物的旅游者对当地商品的信息关注度更高，希望导游多安排一些购物活动。

（4）知识和经验。旅游者的知识和经验不同，知觉会有很大的差异。在知觉一个事物的时候，与这个事物有关的知识和经验越丰富，对该事物的知觉就越富有内容，对它的认识越深刻。例如，有佛学知识的人在游览寺庙时，对庙宇特色的理解会更深刻；历史知识丰富的旅游者参观秦始皇兵马俑博物馆后的收获比几乎不懂历史的旅游者更多。

链接

拓展学习

【拓展阅读】

为什么“美猴王”那么经典？

心遐想

根据旅游者本人的特点，你知道在旅游活动中应该如何设置个性化旅游活动吗？

三、旅游活动中的社会知觉

（一）社会知觉

社会知觉实质上是人对人的知觉，又称人际知觉，是我们在人际交往过程中，通过观察他人的外在行为表现，以推测判断其内在心理状态、行为动机以及未来的行为意向过程。旅游活动中的社会知觉，是旅游者对旅游服务人员、其他旅游者及其相互关系的知觉。

（二）旅游者知觉的心理效应

1. 首因效应

首因效应即第一印象，是指第一次接触事物留下的印象往往会成为一种心理定式，而影响以后其他的印象。

在旅游服务行业，服务人员和旅游者接触的时间较短，给旅游者留下良好的第一印象非常重要。前厅服务员的热情接待、导游人员第一次的亮相、景区的宽敞干净、秩序井然的停车场，都会让旅游者对旅游服务做出好的评价。

第一印象具有片面性，存在主观因素，不能代表事物的全部真实面貌，在旅游活动中不要片面扩大影响。

2. 晕轮效应

晕轮效应也称光环效应，是指由知觉对象的某一特征推及对象的总体特征，从而产生美化或丑化对象的心理倾向。

旅游活动中，晕轮效应如果泛化会产生很大的消极影响。旅游者到某酒店住宿，如果碰见的第一个服务员态度散漫，则会认为整个酒店的档次较低。外国旅游者第一次到中国旅游，就遇到交通事故，则会对中国旅游的安全性产生置疑。

晕轮效应和第一印象关系密切，都有较强的主观色彩，第一印象往往是晕轮效应的前奏，旅游服务提供者在向旅游者提供旅游产品时，应想方设法提供良好的产品和服务，防止晕轮效应的消极作用。

3. 刻板效应

刻板效应是指人们对于某一类事物产生比较固定的看法，也是一种笼统而概括的看法。这种看法不是个人的看法，而是群体的“共识”，如人们常常会用籍贯、职业、年龄、性别等将周围的人划分为不同的类别。例如，南方人细心，北方人豪爽，年轻人爱开拓冒险，老年人迂腐保守，这些看法都属于刻板效应。在旅游活动中，刻板效应是一种简单快速的认人、识物的手段，它有助于旅游者进行快速的决策。

第三节 记 忆

当旅游者从旅游目的地回来后，会向周围的亲朋好友滔滔不绝地介绍自己曾经游览过哪些地方，有过怎样的感受，旅游者仿佛再次来到了这些地方。对于已经发生的事情、看到的情景、听到的声音，人们还会再次想起，有的记忆犹新，有的已经很模糊。由于记忆的作用，凡是人感知过的事物、思考过的问题、体验过的情感以及操作过的动作，都会在大脑中留下一定的印象。良好的记忆力不仅对生活和学习有很大的帮助，而且在人们旅游归来后，大脑中仍保留精彩瞬间、收获丰富体验发挥着良好的作用。

> 链接
>
> 拓展学习
>
> 【拓展阅读】
> 1.记忆学的起源与发展
> 2.记忆的原理

心思想

你一定去过很多地方，哪个旅游景点让你印象最深刻呢？为什么？

一、记忆概述

（一）记忆的概念

记忆是人脑对过去经验的保持和再现过程。简单来说，也就是人们过去所有的行为、思维都有在头脑中留下痕迹的可能，日后还会回忆或再认出来。

（二）记忆的过程

记忆的基本过程是由识记、保持、再认回忆 3 个环节组成的。记忆过程的开端是识记，它是对事物的认识、辨别和记住，与此同时形成一定印象的过程。保持则是对之前识记内容的一种强化，使之能更好地成为人的经历。而回忆再认是对过去所经历事物的两种不同再现形式。记忆各环节是相互联系、相互制约的。

1. 识记

识记是指通过对事物的特征进行区分、认识并在头脑中留下一定印象的过程。有些事物通过一次感知就能达成识记，而大多数则需要反复感知，使新的内容与旧的经验结合起来。

作为记忆过程的第一环节，识记对记忆的效果影响非常大。因此，了解、掌握识记规律，有助于我们更好地记忆事物。

根据识记有无明确目的，可以把识记分为无意识记和有意识记。

（1）无意识记。无意识记是指没有预定目的，也不需要做意志努力，自然而然发生的识记。例如旅游者到我国台湾地区旅游，虽然并没有特意要记住什么，但当地的风土人情、饮食特色仍自然而又深刻地被旅游者识记下来。无意识记具有偶然性、片段性、选择性，这和人们的需要、动机和兴趣密切相关，也和识记对象本身的特点有关。

（2）有意识记。有意识记是指有明确的目的，并需要一定的意志努力的识记。在旅游活动中，有些旅游者出于学习或是购物等特殊目的，对旅游过程中所看到的现象、景物、商品价格非常关注，并通过各种方法努力记住。有意识记具有系统性、完整性、准确性的特点，在人们的学习和工作中起主要作用。

2. 保持

保持是识记过的知识经验在头脑中的积累、储存和巩固的动态过程。与保持相对的，就是遗忘。遗忘是指识记过的材料不能回忆再认，或者回忆再认有错误的现象。按照信息加工的观点，记忆的每个阶段都存在遗忘过程。因此，遗忘可以说是一种正常、合理的心理现象。德国心理学家艾宾浩斯最早进行了此方面的研究。他所使用的实验材料是无意义音节，实验对象是他自己，在识记材料后，每隔一段时间再重新学习，而检测指标则是重学时所节省的时间和次数（见图3-13）。

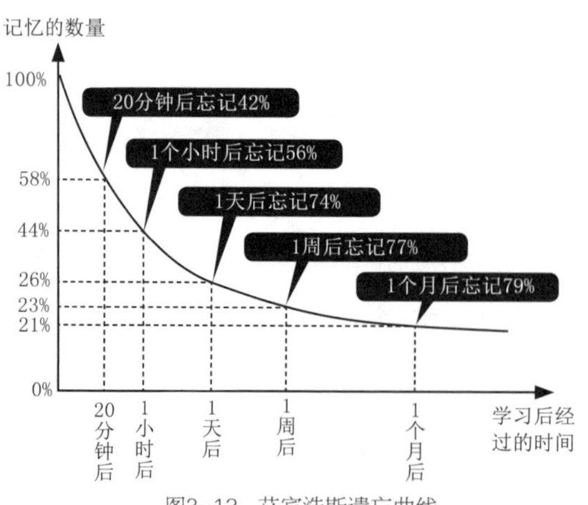

图3-13 艾宾浩斯遗忘曲线

该曲线表明了遗忘的规律，即遗忘的进程是不均衡的，在识记之后最初一段时间里遗忘量比较大，以后逐渐减小。遗忘的速度是先快后慢的。继艾宾浩斯之后，许多人对遗忘进程的研究都证实了艾宾浩斯遗忘曲线基本上是正确的。

3. 再认回忆

记忆是一个比较复杂的心理过程，记忆效果好不好，主要通过回忆和再认表现出来。旅游者在旅游商场购买商品时，往往在头脑中浮现出以往见过的该商品的信息、特征与价格，然后进行对比选择，最后做出是否购买的决定。

（1）再认。再认是当过去经历的事物重新出现时，能够被识别和确认的心理过程。旅游者在游览活动中可以辨认自己走过的路，识别本旅游团队中的其他旅游者等都是属于再认的过程。

（2）回忆。回忆是在一定情形下，因某些特殊因素诱导，过去经历的事物在头脑中的再现过程。记忆在一定程度上影响着旅游者的消费决策，决定着购买行为。当旅游者初步感知商品后，通常运用回忆去感受使用过的商品及感受，从而进一步加深对商品的认识。旅游商品的名称、商标、包装和价格都是旅游者回忆的主要内容。

在旅游活动中，要充分利用记忆的规律，帮助旅游者明确旅游目的，旅游商品的信息应该通俗易懂，容易让旅游者记住，以此促进旅游者的购买行为。

二、记忆的分类

根据不同的标准，可以把记忆分为不同的类型。

（一）根据记忆的内容划分

1. 形象记忆

以感知过的事物形象为内容的记忆叫形象记忆。例如，人们对看过的一张照片或橱窗里的一件衣服的记忆，旅游者对看过的风景、听过导游讲解的记忆，就是形象记忆。这类记忆的显著特点是保存事物的感性特征，具有典型的直观性。

2. 情绪记忆

情绪记忆是以过去体验过的情绪或情感为内容的记忆。例如，学生查到自己考试成绩时的心情的记忆等。旅游者最终的旅游结果或是“乘兴而来，满意而归”，或是“乘兴而来，败兴而归”，就是旅游者的情绪记忆。旅游活动中，旅游者见到美丽风景的情绪是积极、愉快的情绪记忆，旅途中遇到堵车的情绪则是郁闷的情绪记忆。在某精品酒店，服务人员为旅游者提供的贴心服务，安排各种休闲娱乐活动让旅游者兴致盎然，这些都属于愉快的情绪记忆。在某些特定情况下，情绪记忆的印象有时比其他形式的记忆印象保持的时间更长，也许人们早已忘记引起某种情绪体验的事实，但仍然保持着情绪体验。

3. 逻辑记忆

逻辑记忆是以思想、概念或命题等形式为内容的记忆，如对数学公式、定义、哲学命题等内容的记忆。旅游者在商场购物时对商品价格的计算，对导游讲解的景点故事内容的记忆都属于逻辑记忆。这类记忆的基础是抽象逻辑思维，其特点为概括性、理解性和逻辑性，是人类存储知识的主要形式，也是人类所特有的记忆。

4. 动作记忆（运动记忆）

凡是人们头脑里所保持的或做过的动作模式及动作，都属于动作记忆。例如，舞蹈课上所学的舞蹈动作、实操课上完成的操作流程等都会在头脑中留下一定的印象。旅游服务人员学习餐饮服务技能，如铺床、摆台、引位等都要用到动作技能。动作记忆有助于提高人们动作的连贯性和精确性，是动作技能形成的基础 。

以上 4 种记忆形式既有区别，又有相互关联。例如，动作记忆具有鲜明的形象性；当逻辑记忆里有情绪记忆，那么其内容就更容易长久保持。

（二）根据保存时间划分

1. 瞬时记忆

瞬时记忆又称感觉记忆，是指作用于人们的刺激停止后，在感觉通道内的刺激信息会被短暂保留。保存信息的时间很短，一般为0.25—2秒。只有经过注意的瞬时记忆内容，才能被意识到，进入短时记忆。

2. 短时记忆

短时记忆是保持时间大约在1分钟之内的记忆。据L. R. 彼得逊和M. J. 彼得逊的实验研究，在没有复述行为的前提下，18秒后回忆的正确率就会下降到10%左右。如果不经复述，大约在1分钟之内就会衰退或消失。因此，有人认为工作记忆也是短时记忆，是一种为当前动作而服务的记忆，即在工作状态下人所需记忆内容的短暂提取与保留。

短时记忆有以下 3 个特点：

（1）记忆容量有限，根据米勒的研究分为7 ± 2个组块。“组块”就是记忆单位，因人的知识经验等的不同，组块的大小也有所不同。组块可以是一个字、一个词、一个数字，也可以是一个短语、句子、字表等（见图3-14）。

请读一遍以下一组随机数字，然后把它们盖起来，尽可能多地按照它们出现的顺序写下来：

3 9 6 5 1 4

你写对了吗？

现在再做一次测试，请读-遍以下这组随机数字，然后盖起来，再试着按照它们的顺序写出来：

8 7 1 3 4 9 6 4 2 7

图3-14 短时记忆

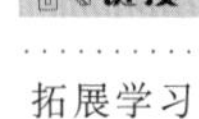

拓展学习

【拓展阅读】
记忆力测验

（2）短时记忆以听觉编码为主，兼有视觉编码。

（3）短时记忆的内容想要进入长时记忆，一般要经过复述才可以。

3. 长时记忆

长时记忆是指信息经过充分的和有一定深度的加工后，在头脑中长时间保留下来的记忆。从时间上看，长时记忆就是在头脑中保留时间超过1分钟的记忆。长时记忆的容量很大，所存储的信息也都经过意义编码。长时记忆就是我们平时常说的记忆好坏。

瞬时记忆系统、短时记忆系统和长时记忆系统虽各有自己的对信息加工的特点，但从时间衔接看是连续的，关系也是很紧密的。

三、提高记忆能力，优化旅游服务品质

导游要熟记各地的风景名胜、历史典故、旅游团队成员的外貌特征和各种信息；酒店前厅接待人员要牢记常用的多种外国语言、各地方言，以及入住酒店旅游者的体貌特征；餐厅服务人员要对餐厅特色美食的名称、主材、烹饪方式、价格以及搭配推荐烂熟于心。良好的记忆力是一位优秀的旅游服务人员的必备素质。提高和发展记忆力，可以从以下几种方法开始。

（一）防干扰

（1）注意集中。记忆时只要专心致志、聚精会神，排除杂念和干扰，大脑皮层就会留下深刻的记忆痕迹而不容易遗忘。相反，如果一心二用、精神涣散，记忆效率就会大大降低。

（2）兴趣浓厚。如果对知识对象、学习材料充满兴趣，就会有利于我们的记忆。例如，对自然景观感兴趣的旅游者，会特别记住某些风景名胜和相关地形、地貌及周围环境；对人文景观感兴趣的旅游者，对观赏过的世界遗产、文物古迹等记忆犹新。

（二）记得牢

（1）科学用脑。在积极休息、进行体育锻炼、保证营养等的基础上，保持积极乐观的情绪，科学用脑，防止过度疲劳，能大大提高大脑的工作效率。

（2）理解记忆。理解是记忆的基础，仅靠死记硬背，反而不容易记得住。只有理解的东西，才能记得牢、记得久。没有理解，记忆就像散沙一样，失去应用价值。如果能做到对于重要的学习内容采用理解和背诵相结合的方式，记忆效果会更好。

（3）视听结合。可以同时利用视觉、听觉器官的功能和语言功能，以强化记忆，提高记忆效率。

（4）尝试背诵。尝试背诵要有一个明确的记忆提纲，就像计算机中的目录、路径一样，将知识放在“目录”中，将“目录”融会在知识中，相得益彰，方便提取。

（5）联想记忆。例如相似联想，中国的地图像雄鸡，意大利的地图像靴子。珠穆朗玛峰海拔约为8 848米，可以联想谐音为“爬爬试吧”。

根据情况，灵活运用图标记忆、缩短记忆、分类记忆及做笔记、编提纲等记忆方法，均能增强记忆力。

（三）忆得准

（1）及时复习。现实记忆中有个强大的敌人——遗忘。遗忘的速度是先快后慢的。强化记忆痕迹、防止遗忘的有效手段是对刚学过的知识及时巩固复习。首先，要有简练的复习提纲，按照提纲复习，“纲举目张”；其次，要将及时复习、集中复习、分散复习相结合。

（2）经常回忆。学习时，不断尝试回忆，可使错误的记忆得到纠正，遗漏的记忆得到弥补。这样，学习的重点、难点就能记得更牢。闲暇时经常回忆，也能避免遗忘。

良好的心理状态对记忆力的提高有很大作用。

心遐想

我们身边有许多记忆力较好的同学或朋友，请与其他同学交流、分享各自的记忆方法。

第四节 思 维

也许你很喜欢福尔摩斯的故事，在小说中的那个年代，案件侦查还没有许多高科技的手段，很多线索都是凭借侦探细致的观察和缜密的逻辑思维得到的。思维是人类征服世界的强大武器。

心遐想

当你早晨醒来的时候，推开窗，发现地面湿漉漉的，你会得出什么结论？

一、思维概述

（一）思维的概念

我们可能没有直接看到下雨的情景，但是通过观察湿漉漉的地面和已有的生活经验，总结出只有下雨才会出现这种情况，从而间接得出昨晚下雨的结论。

思维是人脑以已有的知识为中介，对客观事物的间接和概括反映。

思维对事物的间接反映，是借助于已有的知识和经验来理解和认识未知的事物。思维的间接性是通过其他媒介来认识客观事物，如通过旅游杂志、旅游网站的宣传和人们的口碑等间接了解不同旅游线路的特色。现代人无法直接知道古代人的生活习俗和礼教信仰，但可以通过考古发现的文物和相关文字记载推断、还原古代的社会风气和风貌。“春江水暖鸭先知”“一叶落而知天下秋”都是通过“鸭下水”“树叶落”这些外在现象来间接推断季节更替的。

思维的概括性是指它反映一类事物所具有的共性，反映事物之间普遍、必然的联系。旅游者在购买商品的过程中，通过比较、分析、判断、推理、抽象等方法概括出商品的质量、性能特点，从而做出适合自己的商品购买决定。旅游者的思维方法和思维能力存在差异，最终的购买决策也不尽相同。

（二）思维的品质

思维能力的水平是由思维方式和习惯，即思维的品质决定的。思维品质具有以下 3 个方面：

1. 思维的广度与深度

思维的广度是指思维的全面性，即在思考问题的同时，从多个方面着手，抓住事物的本质，又能考虑到事物的具体细节。思维的深度是指思维的深刻性，即善于透过纷繁的现象发现问题的本质。

2. 思维的灵活性与敏捷性

思维的灵活性是指在思考问题时，能根据情况的变化而随机应变。思维的敏捷性是指能够迅速地发现问题和解决问题。思维方式不能墨守成规，因为客观事物总是在变化的，问题的条件和形式都在不断变化。

3. 思维的独立性和批判性

思维的独立性是指善于独立地发现、分析和解决问题，不依赖别人的方法，能创造性地找出新方法、新途径。思维的批判性是指善于从实际出发，严格地根据客观标准评价和检查自己或他人的思维成果。有的旅行社能够开创新的旅游线路，而不做市场上千篇一律的旅游线路，景点、服务、方式别具一格，更能收获旅游者好的评价。

有的旅游者思维的独立性与灵活性很强，易于做出购买决策；有的旅游者思维的深刻性与广泛性很强，往往经过反复对比才做出最后的决定。旅游工作人员要根据商品的性质和不同的旅游者思维类型，尽量全面地提供旅游商品的感知材料，让旅游者理性思考，促进旅游者的购买行为。

（三）思维的基本过程

按照信息论的观点，思维是对新输入信息与脑内储存知识经验进行一系列复杂的心智操作过程。

1. 分析与综合

分析与综合是最基本的思维活动。分析是指在头脑中把事物的整体分解为各个组成部分的过程；综合是把事物的个别特性、个别方面结合成整体的过程。分析和综合是相反而又紧密联系的同一思维过程不可分割的两个方面。任何一种思维活动既需要分析，也需要综合。

2. 比较与分类

比较是在头脑中确定对象之间差异点和共同点的思维过程。分类是根据对象的共同点和差异点，把它们区分为不同类别的思维方式。比较是分类的基础。

3. 抽象和概括

抽象是在分析、综合、比较的基础上，抽取同类事物共同的、本质的特征而舍弃非本质特征的思维过程。概括是把抽象出来共同本质特征综合起来。抽象是形成概念的必要过程和前提。

二、问题解决

心遐想

什么东西早晨用四条腿走路，中午用两条腿走路，黄昏时用三条腿走路？

图3-15 埃及狮身人面像即以传说中的斯芬克斯为原型

我们在生活中会遇到各种问题，尽管并不一定如希腊神话中的斯芬克斯之谜那样稀奇古怪（见图3-15），但是解决问题确实是我们生活中的基本组成部分。在旅游活动中，我们不停地遇到各种问题：不同的旅游者倾向于选择怎样的旅游目的地？如何应对旅途中的突发状况？

假如你是一位旅游巴士司机，在进入景区的大道上面临严重交通堵塞，在心里你就要开始练习如何对各种路况做出反应，你可能会有事先准备好的方案，也可能会面对从来没有遇见过的复杂问题。只有通过一步一步地分析问题、提出可能解决问题的假设，再一个个去检验每个假设是否可行，才能使问题得到解决。在这个过程中，问题的解决可能不是一次尝试就能达成的。

（一）问题解决的概念

问题解决是由一定的情景引起的，按照一定的目标，应用各种认知活动、技能等，经过一系列的思维操作，使问题得以解决的过程。例如，证明几何题就是一个典型的问题解决的过程。几何题中的已知条件和求证结果构成了问题解决的情境，而要证明结果，必须应用已知的条件进行一系列的认知操作。操作成功，问题得以解决。

（二）问题解决的一般思维过程

1. 提出问题

提出问题就是发现问题，解决问题是从发现问题开始的。能否提出问题与人对活动的态度、兴趣以及现有的知识经验密切相关。人对活动的态度越积极，就越有兴趣，与之相联系的知识经验越丰富，就越容易提出问题；反之，则不易发现和提出问题。

> 提出一个问题往往比解决一个问题更重要，因为解决问题也许仅仅是一个数学或实验上的技能而已，而提出新的问题、新的可能性，从新的角度看旧的问题，却需要有创造性的想象力，而且标志着科学的真正进步。
>
> ——爱因斯坦

2. 分析问题

这个阶段的主要特点是搜集与问题有关的材料，没有大量的信息，问题是不可能解决的。比如马克思创作《资本论》，他研读了1 500本以上的各种著作。

3. 提出假设

假设是科学先遣的侦察兵，在人的认识中起着重要的作用。恩格斯说：“只要自然科学在思维着，它的发展形式就是假设。”在科学发展中，提出假设几乎是必经之路。

4. 检验假设

实践是检验真理的唯一标准。例如在多次实验或实践中获得了成功，问题得到了解决，就证明了假设是正确的；反之，证明假设是错误的，就需要寻找新的解决问题的方案，重提假设。

第五节 表象和想象

一、表象概述

（一）表象的概念

表象是指感知过的事物不在面前时，人们头脑中会出现该事物的形象。

表象具有以下两个基本特征：

1. 形象性

表象是在知觉的基础上产生的，构成表象的内容均来源于过去知觉的内容。因此，它与知觉同属于客观事物的感性印象。但它又与知觉不同。首先，表象不像知觉那么鲜明，它是模糊的、暗淡的；其次，表象不像知觉那么完整，反映的只是客观事物的某些突出的特征，而非客观事物的一切特征；最后，表象不如知觉稳定，其保持时间较短。

2. 概括性

一般来说，表象是多次知觉概括的结果，是对某一类事物的表面感性形象的概括性反映，它所反映的一般并不是某一次感知到的事物的个别特征，而是同一事物或同类事物在不同条件下所经常表现出来的一般的、共同的特征。

表象的概括既然是形象的概括，其中就混杂着事物的本质属性和非本质属性。因此，表象的概括性不同于思维的概括性。思维的概括性是指同一类事物的共同的、本质的特征以及事物之间的内在联系。从表象的形象性来看，表象和知觉相似；从表象的概括性来看，表象又和思维相似，但表象既不是知觉，也不是思维，而是介乎知觉和思维之间的中间环节。

（二）表象的分类

表象与感知一样，可划分为不同的类型，包括视觉的表象、听觉的表象、触觉的表象、运动觉的表象，等等。

这些表象可以单一地在脑中浮现出来，心理学上称其为单一的表象。如果单一表象互相结合，就形成了综合的表象。例如，在回忆一个熟人时，他的音容笑貌的表象往往结合在一起浮现出来。

关于思维的一项科学实验

做一个设想：假设太阳本身突然不存在了，我们抬头还能不能在天空中见到一个太阳？有人可能会说，我们看不到太阳了，因为它已经不存在了。但事实是，我们在8分钟之内还能在天空中见到一个太阳，这可以通过其他科学试验来证明这个问题。

那么，我们还能看到的这个太阳是什么？

（1）是太阳本身？但它已经不存在了。

（2）是过去的太阳？过去的太阳是什么意思？过去的东西是已经不存在了的，这在逻辑上不能成立。

（3）是太阳的光线？当然不是，我们看到的不是光线，一定是一个圆形的太阳。

（4）我们既不是看到的太阳本身，也不是见到的太阳的光线或信息，我们看到的只能是表象——经过我们的感官转化成的表象。

用科学的方法来解释，就是太阳虽然已经不存在了，但是它发出的光线携带的信息还存在，在8分钟之内不断地传递到我们的眼睛中，形成表象。但是经科学分析解释出来的表象应该在我们的眼睛或者说大脑中（心灵中），为什么我们看到表象（太阳）是在天空中呢？这如何解释？只能这样解释（像康德一样）：这个天空、这个空间是在主体中的空间，是一个先验的主观的空间；但对自我来讲，这个天空却是客观的、外在的，所以自我在太阳消失8分钟之内仍然在天空中（其实是一个主观内的天空）见到一个太阳（其实是已经消失的太阳的表象）。

因此我们得出一个结论：物自身与它的表象是两个东西。这个实例就告诉我们，表象其实不是物自身。表象是外来的信息的在主体内生成的东西。表象是我们的感觉。表象是外物在我心中产生的印象。表象就是我们见到的事物的样子。解剖学解剖出来的是物体之间的信息与能量的传递，不是表象，表象是这些信息对自我的呈现。

二、想象概述

（一）想象的概念

想象是人脑对已有的表象进行加工改造而创造新形象的过程。所谓新形象，可能是现实中已经存在的、但个人尚未接触的事物形象。例如，某个人从未到过塞外，当他朗读《敕勒歌》时，脑海中会出现“风吹草低见牛羊”的形象。新形象可能是现实中尚未有过、还有待于创造的事物的形象。例如，作家、作曲家、发明家在实现创造之前，他们所要塑造的新人物、所要谱写的新曲调、所要发明的新作品，就已经形象地出现在他们的头脑中了。新形象还可能是现实中根本不可能存在的事物的形象。例如，人们头脑中所产生的关于神、鬼、美人鱼等的形象。

（二）想象与客观现实

虽然想象所创造的是主体从未接触过的事物的形象，但这并不能认为想象不是客观现实的反映，因为构成这些形象的材料，都是人们接触过的、感知过的。例如，从未到过长沙的人，之所以能形成关于岳麓山、湘江、橘子洲秋色的形象，是因为山、丛林、秋叶、江水、鹰、鱼等形象，人们都曾感知过，头脑里都保持有这些事物的表象。人们能对这些表象进行加工改造，组合成为一套新的形象。

（三）想象的分类

1. 无意想象与有意想象

（1）无意想象。没有预定的目的，在某种刺激物的影响下不由自主地进行的想象。例如，看到浮云，自然而然地想象为人面、奇峰、异兽；听到别人朗读诗词，不自觉地想象着诗词中所描述的景况。无意想象是最简单、最初级的想象。梦就是一种无意想象。

（2）有意想象。根据一定的目的自觉地进行的想象。人在有意想象时，给自己提出想象的目的，按一定的任务进行想象活动。人们在多数情况下进行的想象活动，都是有意想象。

链接

拓展学习

【拓展阅读】
为什么别人的无聊是创造力，而你的无聊是躺一天

2. 再造想象与创造想象

(1)再造想象。根据语言文字的描述,或非语言文字的描绘(图样、图解、符号等),在头脑中形成与之相应的新形象的过程。例如,读小说、看图施工、“秀才不出门,能知天下事”等。

(2)创造想象。根据创造目的,不依据现成的描述或描绘,在头脑中独立地创造新形象的过程。例如,作家在构思故事情节时的想象,艺术家在塑造艺术形象时的想象,科学家在预测研究成果时的想象等,都属于创造想象。

幻想是创造想象的一种特殊形式, 是一种与生活愿望相结合并指向未来的想象,它所创造的是人所期望的未来的事物形象。它又分为积极幻想(理想)和消极幻想(空想)。

心思考

(1)注意是什么?有何特点?如何培养良好的注意力?

(2)感觉和知觉有什么区别与联系?结合旅游活动,举例说明感觉和知觉的规律。

(3)什么是记忆?如何提高记忆力?

(4)什么是思维?如何培养良好的思维能力?

(5)谈谈你对表象和想像的认识。

心思路

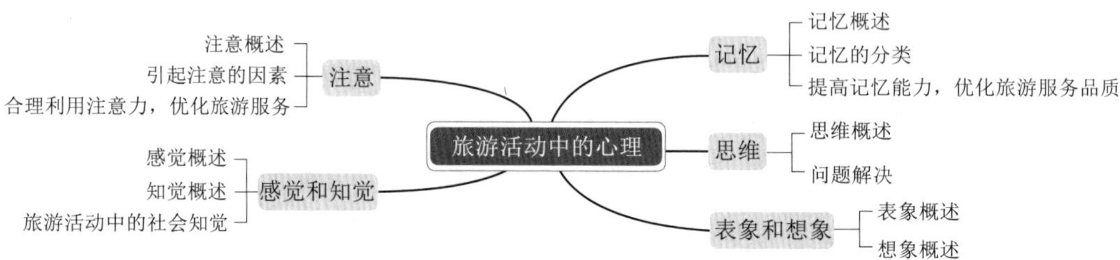

心笔记

第四章　旅游者的个性心理

心之语

一个经常旅游的人，必有广博的知识、坚强的性格、不挠的毅力，以及不达目的决不罢休的精神。

——弓玄

心起航

一位老教授培养了3个得意门生：一个在官场上春风得意；一个在商场上捷报频传；一个埋头做学问，苦尽甘来，成了学术明星。于是有人问老教授："你认为三人中哪个会更有出息？"老教授说："现在还看不出来。人生的较量有3个层次，最低层次是技巧的较量，其次是智慧的较量，他们现在正处于这一层次，而最高层次的较量却是人格的较量。"

这个故事生动地告诉我们，在人的素质结构中，人格几乎起到决定性的作用！

人格又称个性。在旅游活动中，旅游者的个性千差万别，旅游服务人员只有更好地了解旅游者的个性心理，才能提供优质的服务。

心目标

（1）了解旅游者的需要、动机、兴趣、气质、性格和能力6个方面的个性心理。

（2）具备根据旅游者个性心理提供匹配服务的专业能力。

（3）在为旅游者提供精准的专业服务基础上，逐渐成为一名业内楷模。

第一节　旅游者的需要

人类在生存发展的过程中，对其自身和外部生活条件总是有各种各样的需要，当原有的需要得到满足之后，又会产生新的需要。什么是人的需要？旅游者在旅游过程中的需要有哪些呢？

一、需要概述

（一）需要概念

需要就是有机体在内外条件刺激下，对某些事物希望得到满足时的一种心理紧张状态。它常以一种“缺乏感”被人们体验着，并以意向、愿望的形式表现出来，最终成为推动人进行活动的动机。需要总是指向某种东西、条件或活动的结果等，具有周期性，并随着满足需要的具体内容和方式的改变而不断变化和发展。

（二）旅游属于较高层次的需要

美国人本主义心理学家马斯洛提出人类有5种基本需要，即生理需要、安全需要、归属和爱的需要、尊重需要和自我实现的需要，后来在尊重需要和自我实现需要之间增加了认知需要和审美需要（见图4-1、图4-2）。

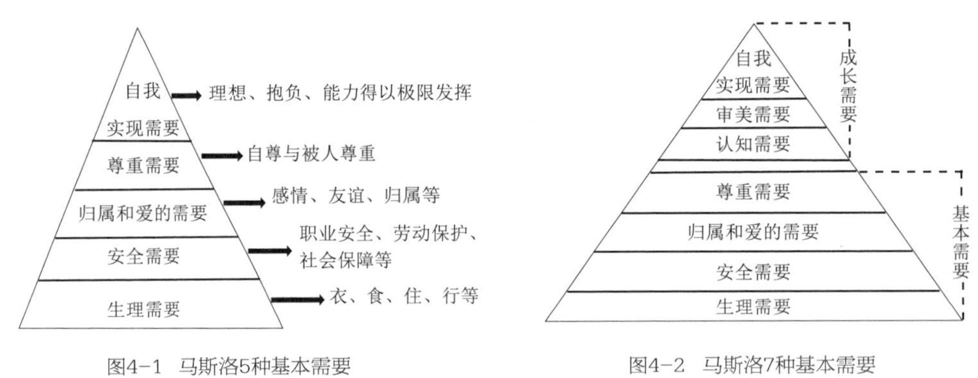

图4-1 马斯洛5种基本需要

图4-2 马斯洛7种基本需要

（1）生理需要。生理需要是指人对食物、水、空气和住房等的需要，是人们最基本、最强烈、最明显的需要，是人类维持生存和种族延续的需要，是人和动物共有的。人们在转向较高层次的需要之前，总是尽力满足这类需要。

（2）安全需要。安全需要包括对人身安全、生活稳定以及免遭痛苦、威胁或疾病等的需要。安全需要存在于人的所有生命活动中，在童年时期最强烈。安全需要贯穿于旅游者的吃、住、行、娱、游、购的活动中。

（3）归属和爱的需要。归属和爱的需要是人类希望得到他人或群体组织的承认、接纳、支持，成为群体组织中的一员，相互交往、联系，保持亲切、融洽的人际关系，能够得到亲情、友情、爱情的需要。

（4）尊重需要。尊重需要是个体对尊严和价值的追求，包括自尊和被人尊重。自尊包括对获得信心、实力、本领、胜任、优秀、成就、独立和自由等的要求，是个人对自己的尊重，这种需要得到满足会提高人的信心和创造力。被人尊重是得到他人的尊重，是希望获得威望、承认、接受、关心、地位、名誉、重视和赏识等，这种需要得到满足会提高人的信心、价值感、成就感。

（5）认知需要。认知需要是指人们对未知世界的一种探索和理解，是个体成长必不可缺少的需要。人们对求未知的世界充满着好奇心和求知欲，是与生俱来就具有的积极认识世界、了解事物的心理倾向，个体不断在探索中发展变化和成长，获得满足感和实现个人人生的目标和价值，丰富人的精神世界，提高人对主客观世界的理解力和社会的适应能力。

（6）审美需要。审美需要是指人类对美好事物的欣赏和赞美的需要。爱美之心，人皆有之，审美需要也是人的成长需要，如人们对对称、有序、和谐、有规则、完整、行为完美的追求。

（7）自我实现需要。自我实现需要是人类最高层次的需要，是人类成长、发展、利用潜力、成为自己所期望的人的需要。旅游是实现旅游者自我实现需要的重要途径，旅游能激发旅游者的潜能，使个人价值和潜力得到实现，如探险类的旅游活动等。旅游作为一种极具象征意义的行为，是自我实现需要的现实化的过程。

旅游属于较高层次的需要。旅游是一种很有效地提升自我形象的手段。在欧美地区，到国外风景名胜地区旅游的经历经常被人们羡慕和崇敬，因此有助于满足个人受尊重的需要。有些人出去旅游，就是用体现自我价值来满足自我实现的需要。

一个旅游团到达长沙之后，由于时间有限，旅游者们为先去什么地方游览发生了分歧。旅游团为此召开全团会议，希望能求得一个“平衡”。一位女士抢先发言道：“我们就是冲着举世闻名的马王堆来的，应当先去马王堆展览馆。”一位先生说：“我们是从事教育工作的，到长沙就是为了看岳麓书院，它在教育史上的地位是人所共知的。我们应该先去岳麓书院。”另一位女士着急地说道：“我们带着小孩来，就是为了让他们看看毛主席当年在长沙从事革命活动的地方，让他们接受教育，因此应当优先安排去橘子洲头……”

心遐想

到长沙后先去哪儿游览是旅游团遇到的首要难题，为什么会出现这种情况呢？

链接

拓展学习

【拓展阅读】

1.儿童旅游路线的开辟

2.长城脚下的尴尬一幕

3.日本老人热衷出国修学旅游

二、旅游需要概述

旅游需要是人的一般需要在旅游过程中的特殊表现，是旅游者或潜在旅游者由于对旅游活动及其要素的缺乏而产生的一种好奇心理状态，即对旅游的意向和愿望。

（一）旅游需要的特点

旅游需要是一种高层次的需要，是物质需要和精神需要的集合体，其特点主要表现在以下几方面：

1. 多样性

不同类型的旅游者有不同的旅游需要，同一类型的旅游者也有不同的旅游需要，就是同一个旅游者在不同的阶段还会有不同的旅游需要。从旅游模式上看，有观光型、度假型、特种旅游型等旅游需要；从旅游方式上看，有组团旅游、散客旅游、家庭旅游等多元化旅游需要，旅游方式小型化是旅游需要的发展趋势，散客旅游方式在上升，组团旅游方式在下降；从旅游主题上看，有观光旅游、度假旅游、文化旅游、探险旅游、生态旅游等旅游需要，多元化旅游需要产生和促进了多元化旅游方式的发展。

2. 层次性

旅游者的需要表现出明显的层次性，旅游者为缓解压力、寻求放松，为扩大交际，为提高声望、获得尊敬，为满足好奇和求知，为追求美好事物，为施展才华显示自己价值而外出旅游，正是他们不同层次需要的表现。不同旅游者由于经济、文化基础的不同，主导需要也有层次差别。有的旅游者看重生理享受，有的看重友谊和人际关系，有的看重文化，有的看重自然美，有的看重名誉，有的则希望通过旅游实现自己的人生价值。

3. 发展性

人的需要是不断发展的，一种需要被满足了，另一种需要就会出现；低层次的需要得到满足时，高层次的需求就会产生。旅游者的需要是不断发展的。随着人们物质生活水平的提高，对求知、求异、求美、愉悦等精神方面的需求日益增强。人们希望借助旅游缓解紧张生活造成的精神压力，希望在旅游过程中获得知识，满足社会交往需要等。人们更加关注旅游产品中蕴含的历史、地理、文学、艺术等文化内涵。满足旅游中的物质性享受需要后，还更多地追求精神层面的需要，对旅游过程舒适性方面的追求越来越高。在旅游方式和旅游目的上，观光旅游正在向休闲度假旅游方向发展。在旅游地的选择上，人们出国旅游的需求明显增强。

（二）旅游者的3种心理

尽管人们对旅游的理解各不相同，但是有一点是公认的，就是旅游是一种“特殊的生活方式”，是一种“不同于人们日常生活的生活方式”。具体而言，旅游是人们为了寻求补偿或者寻求解脱，到别处去过一种“日常生活之外的生活”。因此，研究“人们为什么要旅游”这一问题，要从研究人们的日常生活开始，只有知道了人们在日常生活中“缺少了什么”，才能知道人们在旅游中“想得到什么”。

1. 旅游者的求补偿心理

一般认为，在现代人的日常生活中，人们日复一日地过着同样的生活，难免感觉单调乏味，缺少新鲜感。激烈的竞争和高科技的迅猛发展使空间距离感极大地缩小，但是与此同时心理距离却并未因此而缩小，反而加大了，人们普遍感到缺乏亲切感。另外，在日常生活中，并不是每个人都出类拔萃并都有足够的机会表现自我，甚至有人会感觉“自己已不成其为自己”，这使人们没有充分的自豪感。生活中新鲜感、亲切感、自豪感的缺失，自然而然就加剧了人们的精神紧张，加重了人们的疲惫感。所以，求补偿心理实际上是指旅游者希望通过旅游来寻求补偿，使自己在日常生活中所缺乏的那些满足感——新鲜感、亲切感、自豪感得到补偿。

现代科学技术的迅猛发展，使人们的生活日益方便。然而，未来学家约翰·奈斯比特却认为：“失去了高科技与深厚感情的平衡，令人烦恼的不协调现象就会产生。”“社会上的高科技越多，就越是需要创造有深厚感情的环境，用人的柔性来平衡技术的刚性。”的确，在高科技社会中，人们更多地与冰冷的、刚性的机器设备打交道，而与活生生的、柔性的人打交道的机会相对减少。人们只需要坐在电视机或者计算机前，就可以“环游”世界。但这终究不能取代现实的旅游活动。因为现实的旅游活动可以使人们通过人性化的接触来获得亲切感，这一点是任何媒体所不具备的。

人的自豪感来源于他人的肯定或更高的自我评价，而在日常生活中，人们普遍受到各种限制，提高自我评价的欲望在很多人的生活中难以得到满足。但在旅游时，人们可以摆脱某些常规的束缚，自由自在地度过一段日子，充分地成为自己、展示自己，获得自豪感的补偿。旅游还为人们的充实、提高创造了条件。旅游使人们走出狭小的空间，从而“仰观宇宙之大，俯察品类之繁”，达到一种超凡脱俗的境界，这也是一种自豪感的补偿。

2. 旅游者的求解脱心理

求解脱心理是指旅游者借助旅游，从日常生活的精神紧张中解脱出来。现代文明越发展，人与自然之间和人与人之间的距离变得越遥远。弗洛姆认为：“人类最深切的需要就是克服分离，找回和谐。”就我国的情况来看，旅游一般被看作对现实生活“锦上添花”的补充，而没有成为现实生活的一种必要选择。随着市场竞争的日益激烈和生活节奏的日益加快，以及人们对生活质量要求的逐渐提高，为了寻求解脱而选择外出旅游的人会越来越多，旅游消费将从“奢侈品”逐渐变成人们不可缺少的“生活必需品”。

3. 旅游者的求平衡心理

旅游者的求平衡心理是指旅游者要在变化与稳定、复杂与简单、新奇与熟悉、紧张与轻松等矛盾心理中寻求一种平衡。新奇的东西固然吸引人，但是并非越多越好，也不是越新奇越好，超过一定的程度，吸引可能变成排斥。例如，运动型项目可能受很多人喜欢，但是安排过量则会严重消耗体力，影响旅游者的行程。因此，旅游经营者可以把一般的大众旅游产品设计为包含着变化与稳定、复杂与简单、新奇与熟悉、紧张与轻松、体力与脑力等对立面的“矛盾组合”，这样才能对旅游者具有强烈的吸引力。

第二节 旅游者的动机

一、动机概述

动机是指引起和维持个体的活动，并使活动朝向某一目标的心理过程或内部动力。动机是由需要引起的紧张状态，并成为一种内驱力，推动个体行为以满足需要。需要得到满足后，动机过程随即结束，同时又产生新的需要，如此循环往复。

二、旅游动机概述

国庆假期之际，甲、乙、丙、丁四人决定外出旅游。其中，甲决定到一个环境优美的乡村去亲近大自然、体验田园生活；乙决定到沙漠探险、挑战自我极限；丙决定到邻近的城市探访自己的亲朋好友、联络一下感情；丁决定到城市周边的景点悠然地待上几天、放松心情。最终四人都达成了自己的心愿，度过了一个愉快的假期。

心遐想

促使甲、乙、丙、丁四人选择不同旅游目的地的原因是什么？

旅游动机是推动旅游者产生旅游行为的内部动力。旅游作为一种实践活动，需要有一种力量来引发，而且在一些旅游活动中，要通过个体的努力使之持续下去，直至达到预定的目标，这种力量就是旅游动机。

链接

拓展学习

【拓展阅读】欢乐谷旅游动机设计分析

三、旅游动机的多元性

旅游动机来源于人的基本需要，基本需要的多样性决定了旅游动机的多元性。由于研究的角度及划分标准不同，旅游动机的分类也多种多样。

我们可以把常见的旅游动机归纳为以下几类：

（一）休闲、健康的旅游动机

休闲、健康的旅游动机表现为在紧张、平淡的日常工作、生活之余，为了休闲放松、康体娱乐而进行的旅游活动。具有休闲、健康动机的旅游者，在旅游目的地和旅游项目的选择上，主要倾向于那些能够调节人们身心活动节律、增进身心健康、使人全身心投入的活动，如轻松愉快的参观游览、不太激烈的体育健身活动、各种休养治疗活动以及令人开怀的文化娱乐活动等。各种自然风光、历史古迹、公园、海滨、温泉疗养区以及有较好艺术活动传统的地区，常常是具有休闲、健康动机的旅游者的选择对象。

（二）探索、冒险的旅游动机

好奇心和探索的欲望是天生的。旅游活动具有新异性、知识性，甚至有一定程度的探险性，能够部分满足人们的这种需要。不同旅游者这一动机的强弱程度有明显的差别，有的在保障安全的情况下只求新鲜刺激，而有的则为满足探索欲甘冒生命危险，如珠穆朗玛峰登山探险旅游。

（三）精神审美的旅游动机

审美动机是指旅游者为满足自己的审美需要而外出旅游，这是一种高层次的精神方面的需求。当然，有的旅游者纯粹为了审美而游历，如我国古代的徐霞客、李白等士人漫游；而有的人则只是其中夹杂审美动机，如当代一般的观光旅游者。具有这种动机的旅游者，其旅游活动多指向美丽、奇异的自然界的事物和现象，指向那些使人们能够接触旅游地居民的活动，以及参观博物馆、展览馆、名胜古迹，参加各种专题旅游活动等。

（四）社会交往的旅游动机

人们为了探亲访友、寻根问祖、结识新朋友等而进行的旅游，就是社会交往动机的体现。因此，具有社会交往动机的旅游者的特点是要求旅游过程中的人际关系友好，感受到亲切、热情和得到关心。

（五）宗教信仰的旅游动机

人们为了宗教信仰而参加宗教活动、宗教考察、观礼等旅游外出活动。宗教信仰的动机是满足自己的精神需要，寻求精神上的慰藉和寄托。

（六）商务、公务的旅游动机

商务、公务的旅游动机是指人们为了各种商务、公务活动外出旅游。例如，有些人为了购买商品专程或绕道到某地旅游。另外，参加学术考察、交流，到异地洽谈业务、出差、经商等都属于商务的动机。此外，各种专业团、政府代表团等所参与的旅游活动都属于此类动机。

（七）家庭责任的旅游动机

对很多成年人来说，长年累月地忙于工作会使他们疏忽对家人以及对亲朋好友的关心、照顾，外出旅游对他们来说更多的是为了尽一份责任和义务，是为了让父母、妻子、儿女及其他亲朋好友得到放松、快乐。例如，每到寒暑期、双休日或者节假日，以家庭为单位的旅游团队大量增加，正是以上原因使然（见图4-3）。

事实上，很多旅游者并非出于某种单纯动机出游，而是有两种或多种混合动机。按照这些原因在人们行为中的作用大小，可分为主导动机和辅助动机。例如，入境旅游者的主导动机是文化方面的动机（了解神秘的东方文化）；华侨、港澳台同胞的主导动机是交际方面的动机（探亲访友和寻根）。内地旅游者的长线旅游，主要是出自文化方面的动机（风俗民情体

图4-3 家庭旅游

验）；短线旅游主要是出自健康动机（休闲度假）；商务人员、公务员等的旅游，主要出自业务方面的动机等。

四、旅游动机的激发

旅游动机源自旅游者对旅游活动的需要，但外界刺激的激发对动机的形成也有着重要的作用。激发人们的旅游动机可以从以下几方面入手。

（一）旅游资源要有吸引力

旅游资源可以表述为能激发旅游者的旅游动机，为旅游业所利用，并能产生社会效益与经济效益的现象和事物。要激发旅游者的旅游动机，就必须提高旅游资源的吸引力。有吸引力的旅游资源应具备自然性、独特性、民族性的特点。例如，“童话世界”九寨沟原始、古朴的山水，还有中国“最佳旅游城市”之一——成都的可口美食，都显示出与众不同的特色和个性。

（二）相关旅游产品要有吸引力

1. 旅游设施设备的完善和配套

例如，瑞士是一个多山的国家，全国70%左右的区域属于山区。但瑞士拥有现代化的交通运输条件——直达的航空线路，把整个国家与欧洲及世界各大城市紧密地联系在一起；全国铁路全部电气化，并且公路密布，纵横交错，四通八达。方便的交通，激发了各个国家旅游者到瑞士旅游的动机，使其成为著名的旅游之国。

2. 旅游设施设备的多层次性和多样性

例如，就住宿和餐饮而言，有的旅游者主要是为了满足生理上的基本需要，能够吃饱、休息好就可以了；而有的旅游者不单纯是为了生理上的基本需要，更注重追求在消费此类产品时精神上的满足和享受，因此选择下榻豪华的酒店，品尝旅游地具有民族特色的饮食，体验不同民族饮食文化的精粹，享受美食带来的快乐。只有提供多层次的旅游产品，才能满足各种不同层次的旅游者需要。

3. 旅游产品的组合要有吸引力

一组旅游产品是由许多单项旅游产品组合而成的，通常要用一条旅游线路把分布在不同空间的旅游景点景观串联起来，组成一个整体的旅游产品。例如，组织沈阳的旅游者到福建省旅游，线路安排可以有很多：以休闲度假为主的“沈阳—武夷山—厦门—沈阳”线路，以观光为主的“沈阳—武夷山—福州—泉州—厦门—沈阳”线路等，旅程可以设计成“双飞”，也可以设计成“三飞”，这样就刺激了不同旅游者的旅游需要。

（三）旅游宣传要有影响力

营造促进旅游业发展的政策及大环境，倡导现代旅游观念，鼓励旅游消费。例如，我国节假日“旅游黄金周”的出现，就体现了政策及大环境对旅游事业和人们旅游动机的影响，同时还能传递旅游信息，提高旅游目的地的知名度。又如，我国青岛、大连、桂林、成都等许多地区，通过高质量、有效的宣传，向人们提供旅游信息和情报，引起人们对旅游活动的关注。在旅游宣传的方式上，可以通过宣传媒介进行广告宣传，也可以组织各种类型的活动，如举办新闻发布会、多渠道播放宣传片、举办展览会等，以激发众多潜在旅游者的旅游兴趣。

心遐想

假设你是某旅游景区的营销总监，请运用所学知识设计一套能吸引更多旅游者的方案。

第三节　旅游者的兴趣

一、兴趣概述

兴趣是人认识某种事物或从事某种活动的心理倾向，是以认识和探索外界事物的需要为基础的，是推动人认识事物、探索真理的重要动机。每个人都会对他感兴趣的事物给予优先注意和积极探索，并表现出心驰神往。例如，对美术感兴趣的人，对各种画展、摄影展都会认真观赏、评点，对好的作品进行收藏、模仿；对钱币感兴趣的人，会想办法对古今中外的各种钱币进行收集、珍藏、研究。做一件有兴趣的事情不会感到痛苦；如果痛苦着去做某件事情，就不是兴趣（见图4-4）。

二、旅游兴趣概述

旅游兴趣是指旅游者或潜在旅游者对旅游的喜欢和积极认识与探究的心理倾向，它是人们从事旅游活动的强有力的推动力之一。旅游兴趣与愉快的情感体验相伴而生，相互促进，逐渐增强。有旅游兴趣的人，首先会注意到旅游活动安排，同时伴有良好的情绪状态，并以向往的心态力求接受它、欣赏它、研究它、领会它、获得它。浓厚的旅游兴趣使旅游者着迷、沉醉，甚至“废寝忘食”，而不会产生旅游是“花钱买罪受”的心理负担（见图4-5）。

图4-4　兴趣

来一场
说走就走的旅行！

图4-5　旅游兴趣

旅游兴趣作为一种认识倾向，具有相对的稳定性，持续时间较长，而那种偶尔出现的对旅游的热情，还不能称为兴趣。

三、旅游兴趣的分类

人的旅游兴趣是多种多样的，可以按各种不同的情况进行分类。

（一）按旅游兴趣的指向或接触的方式划分

按旅游兴趣的指向或接触的方式划分，可以分为直接的旅游兴趣和间接的旅游兴趣。

直接的旅游兴趣是指对旅游活动本身的兴趣，新奇的景色以及与旅游需要相符合的旅游活动，都容易引起人们的直接兴趣。

间接的旅游兴趣是指对旅游活动本身没有兴趣，而对参加旅游活动所追求的目的和结果感兴趣。例如，对会议旅游活动中要参观的景点不感兴趣，但对参加这次旅游可以更多地交往或结识同行朋友、体现自己社会地位的结果感兴趣。

旅游的直接兴趣与间接兴趣的差异，与旅游者个体有很大的关系。这两种旅游兴趣是可以互相转化的。就目前情况而论，旅游者的旅游兴趣大多表现为一种直接的兴趣，缺乏明确的目的，仅仅为新异和时髦而动，有的纯粹为了“到此一游”。这正是我国的旅游发展水平仍处于相对低点的原因之一。

（二）按旅游兴趣对象的内容划分

按旅游兴趣对象的内容划分，可以分为物质兴趣和精神兴趣。物质兴趣是指旅游者对于旅游过程中衣、食、住、行等物质生活用品和娱乐设施的兴趣。精神兴趣是指旅游者在旅游活动过程中的认识兴趣和理解兴趣，尤其是对旅游对象中的文学、艺术、美术、历史、文化、宗教等方面的探究与审美的兴趣。精神兴趣能表明一个人的精神境界，是个性发展水平的表现。

（三）按旅游兴趣的稳定程度划分

按旅游兴趣维持时间的长短，即旅游兴趣稳定的程度划分，可以分为即时旅游兴趣和持久旅游兴趣。

旅游的即时兴趣产生于某次旅游活动中，是旅游者对某一旅游现象的短暂兴趣，随着旅游活动的结束而兴趣就消失。即时旅游兴趣表现为旅游兴趣存在的短暂性与发生的爆发性。旅游兴趣的短暂性是指人们不可能总沉浸在旅游兴趣之中，与人们其他方面的兴趣相比，旅游兴趣是相对短暂的，前后不过几天时间。旅游兴趣具有爆发性，表明旅游者的旅游兴趣，最易受外界刺激的影响和诱惑，呈现爆发性的特征。例如，某人本来毫无去北京旅游的打算，但有一天公司决定放假一周集体前往北京度假，这个人去北京旅游的兴趣就一下子爆发出来。

持久的旅游兴趣是指旅游者对旅游现象长期保持浓厚的兴趣，经久不衰。稳定的旅游兴趣使人有高度的自觉性和积极性，他们对旅游非常热爱，好像着了迷似的，能努力克服各种困难和干扰，稳定的旅游兴趣可能发展为旅游爱好或旅游偏好。稳定的兴趣能充分显示出一个人的个性特征。有较高而持久的旅游兴趣的人是旅游企业的常客或回头客，是旅游企业的重点服务对象。

（四）按旅游兴趣的广度划分

按旅游兴趣的广度划分，可以分为广博的旅游兴趣和狭窄的旅游兴趣。旅游者的旅游兴趣在范围上有着很大的差异。

广博的旅游兴趣对一切旅游现象都感兴趣，都喜欢探究，每次旅游都选择不同的旅游对象，也可能在一次旅游中选择几个不同的旅游对象，如登山、赏雪、观水、划船等，样样都想参加。

狭窄的旅游兴趣只对某一种旅游活动感兴趣，或多次重复选择同一类型的旅游对象，或旅游对象限制在比较狭窄的范围，而对其他旅游对象都不感兴趣。

这两者各有利弊。一般来说，兴趣广泛的人，信息来源广，容易诱发旅游动机。而兴趣狭隘的人，容易自我封闭，信息来源少，旅游动机不易激发。广博且有重心的旅游兴趣是良好的兴趣品质，博而不专或专而不博，都很难有大的收获。

（五）按旅游兴趣的性质划分

按旅游兴趣的性质划分，可以分为高雅的旅游兴趣和低俗的旅游兴趣。高雅的旅游兴趣是指对旅游活动在休闲、娱乐、探索、求知、审美等各个方面都能正确理解、积极参与、行为端正，是健康有益的兴趣。低级的旅游兴趣是对旅游活动中可能出现的不健康的低俗行为感兴趣，是非正面的兴趣。

四、旅游兴趣的品质特征

（一）旅游兴趣的指向性

旅游兴趣的指向性是指旅游兴趣总是指向一定的旅游对象和旅游现象，即旅游兴趣总是针对某类或某项旅游活动情有独钟。根据个体的旅游需要、旅游目标、个性特点的不同，表现出“仁者乐山，智者乐水”。

（二）旅游兴趣的差异性

旅游兴趣的差异性主要表明旅游兴趣有对象与内容的差异、直接与间接的差异、广泛与狭隘的差异、维持时间长短的差异、性质方面的差异等。

（三）旅游兴趣的社会制约性

由于人们的社会生活实践不同，并受一定的社会历史条件的制约以及自我经济条件和闲暇时间等刚性条件的约束，表现为旅游兴趣的指向不同、旅游兴趣的强度不同、旅游兴趣的广泛性与深刻性也不同。旅游兴趣必然染上社会性色彩。

（四）旅游兴趣的发展变化性

旅游毕竟是人的生活的一种补充和调节，对旅游的需要与兴趣必然呈现时强时弱的变化，表现出波动性和发展性的特点。

（五）旅游兴趣的效能性

旅游兴趣的效能性是指旅游兴趣总能推动主体的活动，并且产生或达到一定的效果。旅游兴趣的效能性大小是评价旅游兴趣稳定、深刻等方面的重要指标。只有积极的、健康的旅游兴趣才能产生高效能的旅游结果。

（六）旅游兴趣的可培养性

旅游兴趣的培养是指旅游者旅游兴趣的养成过程。要培养一种兴趣，要经历“有趣、乐趣、志趣”三阶段，在实际生活中并不排斥兴趣的扩展与转移，但要理智地调控自己的兴趣。

五、旅游兴趣的调节与疏导

旅游兴趣是在生活和实践的过程中，在旅游需要的基础上形成和发展起来的。它虽然具有一定的稳定性，但不是固定不变的，而是随着生活条件、教育条件等的发展不断变化的。所以，旅游者的旅游兴趣面临着如何进行调节和疏导的问题。从心理学的角度来讲，旅游兴趣的调节和疏导主要有以下 4 种手段。

（一）引导

旅游兴趣的引导是指针对旅游者旅游兴趣的差异，进行必要的思想教育以提高认识，从而达到丰富知识、开阔视野、开发智力、提高境界的目的，即引导高尚兴趣，杜绝和抵制低级兴趣。

（二）优化

旅游兴趣的优化，即旅游兴趣的调控。具体来说，就是通过旅游兴趣结构的调整和优化，达到倡导健康兴趣、积极兴趣、有益兴趣和高尚兴趣的目的，确保旅游者的旅游兴趣能够按照健康有序的轨道发展。

（三）培养

旅游兴趣是一个不断培养的过程。启迪、诱发、引导、影响等这些心理学中常用的培养兴趣的方法，旅游心理学都可以借鉴和采用。

（四）激励

激励是一种管理的职能，也是旅游心理学中用来调节和疏导旅游兴趣的行之有效的途径和手段。心理学研究表明，每个人都有潜在的兴趣，在没有激励的情况下，人的兴趣只能发挥30%左右，而一旦受到激励，则可以发挥90%左右，甚至更高。所以，旅游兴趣的调节和疏导，可以采用激励的方法。“兴趣是最好的老师”，将旅行团队打造成“兴趣小组”，是未来旅游发展的新型模式。

心遐想

“对旅游行业来说，兴趣就是最好的市场引擎。”请你谈一谈对这句话的感想。

第四节 旅游者的气质

一、气质概述

气质是指个体心理活动进行的速度、强度、稳定性和指向性等动力特征。它本身并不反映活动的内容和意义，却给人的活动赋予了一定的个人色彩，形成一定的风貌。

气质主要是由人的先天素质决定的，是自己无法选择的一种神经活动类型，因而具有较大的稳定性，较早地在一个人身上固定，显示出稳定的一贯性的特征。气质并非一成不变，在环境和教育的影响下，气质会发生某些缓慢的变化。气质在童年时期表现得较明显，到了成年后，由于生活环境的影响，在社会化的过程中，特别是在重大事件的作用下，某些气质特点就会被后天获得的特性所掩饰。

二、气质的分类

约2500年前，古希腊的医生希波克拉底认为人体内有 4 种液体——血液、黏液、胆汁和黑胆汁，根据4种液体在人身体中所占的比重不同，人们的行为方式也不同，决定了人的气质分为 4 种类型，即多血质、黏液质、胆汁质和抑郁质（见图4-6）。

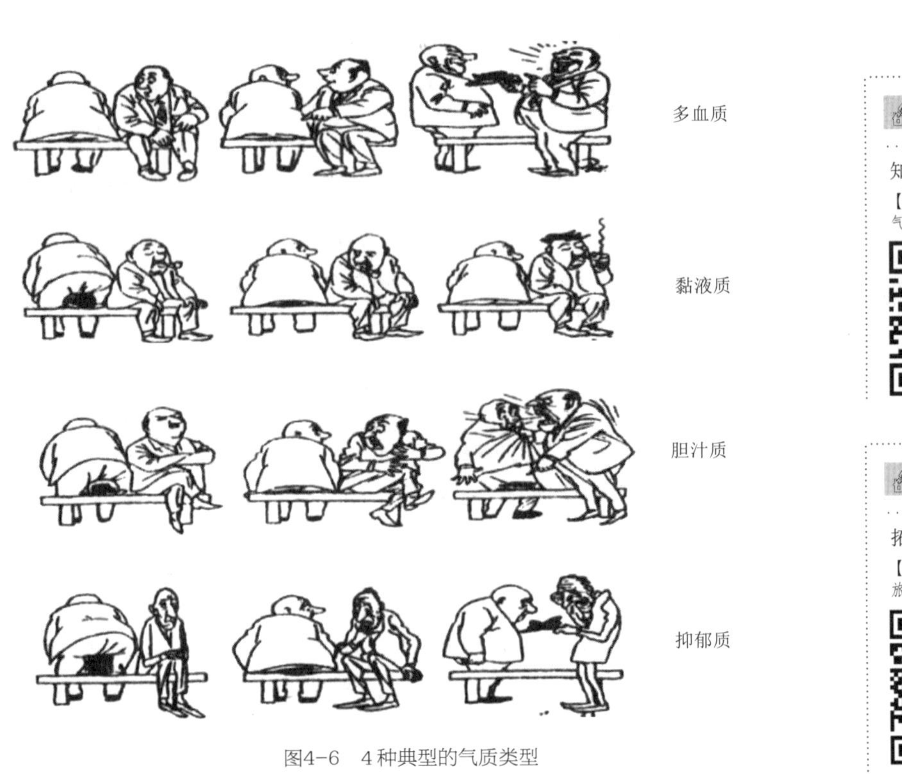

图4-6　4 种典型的气质类型

链接

知识点

【微课视频】
气质的类型

链接

拓展学习

【拓展阅读】
旅游者气质之美国客人

现代科学证明，气质的生理基础是高级神经活动类型。巴甫洛夫根据高等动物大脑皮层高级神经活动的 3 个基本特征——强度、平衡性、灵活性，划分出神经活动的 4 种基本类型，即兴奋型、活泼型、安静型和弱型，如表4-1所示。

表4-1 高级神经活动类型与气质类型对照表

神经活动的基本特征			高级神经活动的类型	气质类型	气质特征
强度	平衡性	灵活性			
强	不平衡	灵活	兴奋型（不可抑制型）	胆汁质	直率、热情、精力充沛，情绪易冲动，心境变化剧烈，外倾
强	平衡	灵活	活泼型（灵活型）	多血质	活泼好动、敏感，反应迅速，注意力容易转移，兴趣易改变，外倾
强	平衡	不灵活	安静型（不灵活型）	黏液质	安静、稳定，反应迟缓，情绪不外露，注意力难转移，内倾
弱	不平衡	不灵活	弱型（抑郁型）	抑郁质	孤僻，行动迟缓，情绪体验深刻，善于觉察他人细节，内倾

心遐想

音乐会已经正式开始 5 分钟了，你却迟到了，工作人员按照惯例禁止你入场，你会做出怎样的反应？

三、气质类型不具有社会评价意义

首先，气质没有好坏之分。因为气质是心理活动的动力特征，并不决定具体个性特征的内容与好坏，它与心理活动的内容无关。例如，两个人同属胆汁质，一个人勤勤恳恳，干一行爱一行；而另一个人则是做集体的工作松松垮垮，做自己的事情却不遗余力。

其次，气质的类型不决定人的活动成就的高低。我们无法明确地认为某种气质的人能成才，而某种气质的人不能成才。据苏联心理学家的研究，以下 4 位著名作家是典型的 4 种气质的代表（见表4-2）。但是，不同的气质类型并不影响他们在文学上的杰出成就。

最后，任何一种气质都有积极方面和消极方面。例如，多血质的人情绪饱满，灵活敏捷，善于交际，容易适应环境，但注意力不稳定，兴趣容易转移。抑郁质的人反应迟缓，缺乏热情，耐受力差，但情感细腻，做事谨慎，观察敏锐。

表4-2 4位著名作家气质比较

作　家	气质类型
果戈里	胆汁质
赫尔岑	多血质
克雷洛夫	黏液质
普希金	抑郁质

四、气质对旅游行为的影响

（一）胆汁质——急躁型旅游者

急躁型旅游者喜欢新奇的、场面热闹且富于刺激性的旅游活动项目。这类气质的旅游者对人热情，说话快，好争辩；不喜欢等待，较粗心，易丢失东西；购物时比较冲动，不愿意细心挑选；一旦被激怒很难在短时间内平静下来。

在旅游服务过程中，不要主动刺激急躁型旅游者，不要计较他们一时不顾后果的冲动言语，不要与他们争辩是非对错。当发生冲突时应当避其锋芒，待其平静后再对问题进行处理。在为他们办事时，应尽可能迅速。在必要时提醒他们不要遗忘自己的财物。

（二）多血质——活泼型旅游者

活泼型旅游者活泼好动，喜欢参与变化大、花样多的旅游活动项目，内心的各种体验都会在面部表情和眼神中明显地反映出来。这类气质的旅游者乐于和人交往，乐观愉快，总是笑声不断；易激动，但情绪并不强烈；容易与人交朋友，但友谊不深刻；与人交际时话题有趣，但坐姿常变换；购物时很快会拿定主意，但改变主意也快。

为活泼型的旅游者提供服务时，不仅要热情大方、办事迅速、说话简捷，而且应该主动交往，提供各种信息，介绍种类多样的旅游产品，吸引他们的注意，主动为他们提供多样化的服务，丰富其旅游活动内容，尤其当他们购物后又改变主意或要求退货时，应尽量做好解释和后续工作，以妥善解决问题。

（三）黏液质——稳重型旅游者

稳重型旅游者进入新的环境时常感到有些不自在，旅游活动中的语言和行动都较迟缓，即使遇到精彩场面也不易激动，情感很少外露，面部表情单一。他们反应慢，在听导游讲解时，总希望导游讲得慢点，或用不同方式重复、强调相同的内容。他们的注意力稳定，不易转移；喜欢吃熟悉的食物，购物时决策缓慢，喜欢自己独自挑选，只有遇到重大问题时才进行询问，往往对新产品持怀疑的态度。

为稳重型旅游者提供服务时，语速要适当减慢，重点内容要注意重复强调，但不宜与他们过多交谈，也不宜太主动。住宿与就餐尽量安排在僻静的环境，旅游服务过程中尽量满足他们“怀旧”的需求。购物时不可催促，要让他们深思熟虑后再做决定。

（四）抑郁质——敏感型旅游者

以抑郁质为主的敏感型旅游者，不喜欢热闹、竞争性强的旅游活动，喜欢能表现深刻情感且品味高雅的旅游项目内容。这类气质的旅游者喜欢个人行动，喜欢独处体验内心感受，在任何活动中都很少表现自己；身心易疲劳，动作缓慢，总是闷闷不乐的样子，讲话慢且啰唆，容易神经兴奋，敏感，情感体验深刻，对环境变化给予强烈的关注；购物时千思万虑挑选细致，不愿向服务人员咨询，给人一种多疑、一丝不苟的印象。

为抑郁质的旅游者提供服务时，特别要注意尊重他们。在旅游服务过程中要耐心，多给予关照，尽量提供有深刻文化内涵和品味高雅的旅游产品。不宜与他们说无关的话，更不要乱开玩笑。在服务工作的细节安排上要全面、周到，使旅游者得到安全感和满意感。食宿尽量安排在清静的环境中，购物时应让其自由挑选，不可催促。

第五节　旅游者的性格

一、性格概述

性格是指一个人表现在态度和行为方面的比较稳定的个性心理特征。性格是组成个性的核心心理特征，是区别人的个性的主要心理标志。

性格反映在人的行为方式上，通过外在行为表现出来。例如，从一个人的笑声中，可推断出一个人的性格是开朗，还是拘谨。人的性格受其思想、意识、信仰和世界观的制约。例如，拘谨、端庄的女士受部分男士的喜爱，女士的拘谨、端庄的性格特点就反映出女性不同行为方式的现代社会价值。

二、性格的分类

（一）按心理机能划分

按理智、意志和情绪在性格中哪一种占优势来划分，可分为理智型、意志型和情绪型。

1. 理智型

理智型性格的人喜欢用理智的尺度来衡量一切，冷静、沉稳、谨慎、律己、现实等是其特征。

2. 意志型

意志型性格的人有明确的目标，行为主动，上进心强，有独立性等心理特征。

3. 情绪型

情绪型性格的人情绪体验深刻，行为举止易受情绪支配，多愁善感，富于幻想，感情脆弱或性情暴躁，缺乏自制力是其性格特征。

以上 3 种是日常生活中较典型的性格，实际上大多数人的性格都是混合类型的。

> 链接
>
> 拓展学习
>
> 【拓展阅读】
> “西游团队”中的四种性格

（二）按心理倾向划分

按个人心理倾向于外部世界或内部世界作为划分的依据，分为外倾型和内倾型。事实上，绝对的外倾型和绝对的内倾型在生活中并不常见，大多都兼有外倾和内倾的特征，只是有些人外倾性强些，有些人内倾性强些（见表4-3）。

表4-3 内倾型和外倾型的性格特点

性格类型	心理特点
外倾型	心理活动倾向于外部，活泼、开朗，容易流露自己的感情；待人接物决断快，但比较轻率，独立性强，缺乏自我分析和自我批评，不拘泥于一般小事，喜欢同他人交际
内倾型	心理活动倾向于内部，感情比较深沉，待人接物比较小心谨慎；经常反复思考，常因过分担心而缺乏决断力，但对事情锲而不舍；能够自我分析和自我批评，不爱交际

通过细化的分析，外倾型和内倾型两种机制是一个连续体的两个极端，内倾型和外倾型各占一段。个体行为特征在此两端间的分布情况接近于正态分布，如图4-7所示。这样的划分，体现了个体外倾和内倾的程度，比绝对的外倾型和绝对的内倾型的划分更准确。

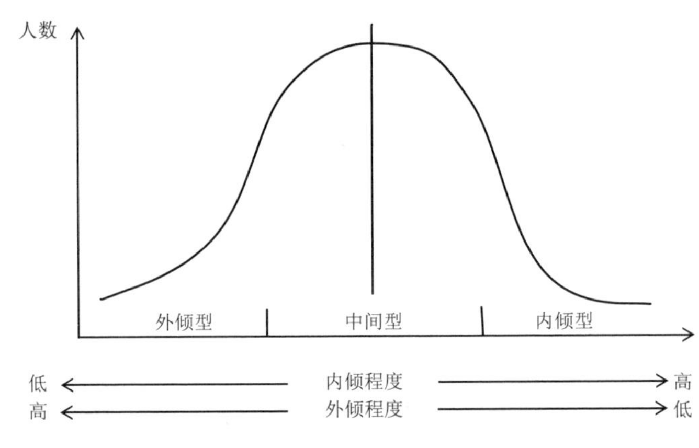

图4-7 艾森克外倾—内倾分布

（三）内控型和外控型

内控型的个体独立性强，不易因受外界影响而改变自我的行为，认定自己才是自我命运的主宰者，这种性格的人从不怨天尤人。

而外控型的个体则相反，偏向外控型的人往往认为一切事情都是由命运主宰的，自己处于被动的地位，往往将成败归为外力作用的结果。

（四）自卑型与自尊型

自卑型的个体往往认为自己软弱无能，对自己评价偏低；自尊型的个体则相反，他们自视甚高，认为自己了不起，对自己估计过高。

心遐想

假如我是一种动物，我希望是______________________，因为________________________。

三、性格对旅游行为的影响

（一）辩证地看待人的性格

在旅游活动过程中，要善于从人的性格中发现优势，发挥性格长处，抑制性格短处，有助于对人的行为的控制，保证旅游活动的正常进行。例如，外倾型的人重视与人交往，生性活泼，爱讲笑话，无忧无虑，与人交往多无戒心，易于与人合作；但同时往往会提出一些纠缠不清的问题，性情急躁，不能完全掌握自己的情绪和感情，有时出现侵犯性的行为。在旅游活动中应充分利用外倾型性格的人，这类性格的人一般容易得到别人的信任，他们与其他人能较好沟通，同时尽量避免其侵犯行为的发生。例如，在与外倾型性格的人交往时应采取特殊的方法，避免造成不必要的人际冲突，以免造成伤害。为避免正面冲突，应避其锋芒，对其“发火”行为，先采用“冷处理”的方法，待其冷静后再进行沟通，从而解决问题。

（二）区别人的性格的共性和特性

学会分辨人的性格特征，有助于提高工作效率。例如，长期从事某一职业的人，常因其职业特点而形成某种职业性格——商人性格、农民性格、军人性格和艺术家性格等。其中，有的属于内倾型，有的属于外倾型。在外倾性格中，还有支配型或交际型的区别；内倾性格中，还有温和型和冷淡型的区别。有的人意志特征较明显，有的人理智特征或情绪特征占有优势，呈现出不同性格的个别特征。

第六节　旅游者的能力

一、能力概述

有人说：“上班时间早八晚五，将今日的工作做完不加班就是能力。”还有人说：“解决别人解决不了的问题是能力。”更有人说：“能够满足别人的需求就是能力。”

一个人说话好听，语言组织有力是能力；一个人思维敏捷，做事事半功倍是能力；一个人数据报表做得好是能力；字写得漂亮是能力；思维层次高是能力；甚至坚持是能力，运气也是能力……在不同的领域每个人对能力都有不同的解释，并且每个解释好像都没有错。能力是指顺利完成某一活动所必需的心理条件，是直接影响活动效率，并使活动顺利完成的个性心理特征。

事实上，人们往往以某种活动的效果来考察一个人的能力（思维的或具体操作的）。例如，熟练地进行操作，保质、保量、按期完成烹饪任务，是厨师应具备的能力；用生动、形象的语言讲述旅游景点的独特的人文典故、自然风貌、历史沿革，让旅游者领略当地的独特魅力，是导游应具备的能力；为旅游者用餐提供服务的餐厅服务员，必须具备上水送菜、示范食用方法、说明菜肴烹制的技术和过程的能力。

但是，不能认为凡是与活动有关的，并在活动中表现出来的所有心理特征都是能力。只有那些完成活动所必需的直接影响活动效率的，并能使活动顺利进行的心理特征才是能力。例如，旅游者的体力、知识，以及性格是暴躁的或是活泼的等，虽然对旅游活动有一定影响，但并不是顺利完成旅游活动最直接、最基本的心理特征，因此，此类的心理特征不能称为能力。

曾经有一位面试者对如何看待加班这个问题做出了经典的回答。面试官问他："你怎么看待加班？"他说："不加班是能力，加班是态度，能力不足的情况下用态度弥补。"

想一想

你觉得这位面试者回答得怎么样，你会怎样回答呢？

二、能力的分类

人的能力多种多样，可以从不同的角度进行不同的分类。

从心理学角度，能力通常分为一般能力和特殊能力。一般能力是完成一切活动所必需的基本能力，通常称为智力。特殊能力是指出现在某些专业活动中的能力。

任何一个正常人都既具备一定的一般能力，又具备一定的特殊能力。一般能力与特殊能力在活动中的关系是辩证统一的。一方面，一般能力越是得到发展，就越为特殊能力的发展创造了有利条件；另一方面，特殊能力得到发展的同时，也发展了一般能力。在顺利地完成某种活动时，既需要一般能力，又需要特殊能力，两种能力彼此相互促进，协调发挥作用。

三、能力的个体差异

（一）能力的类型差异

能力的类型差异主要是指能力质的差异，是对能力差异从质的特点上进行分析。同一种能力在不同人身上会表现出一些相似的特点，把这些特点加以分析、归类，就出现了各种不同的能力类型。

（二）能力发展水平的差异

能力发展水平的差异主要是指能力体现在量上的差异，即通常所说的能力大小的差异。各种能力的发展水平都有不同。心理学研究表明，人口的智力分布呈常态，即大部分人处于正常水平，超常者和低能者均占少数，约3‰。

（三）能力表现早晚的差异

这是能力发展上的差异。个体之间各种能力发展的速度各不相同，能力表现有早有晚。有些人的优异能力早在儿童时期就表现出来，称为能力早期表现或早慧。

小陈是一家旅行社的导游，平时在带团过程中喜欢把他的旅游者进行分类。他把旅游者分成“聪明的”和“不聪明的”两种。他认为，“聪明的”旅游者见多识广，多半有比较高的能力，尝试过多种职业，去过很多地方，遇事总是喜欢问“为什么”；“不聪明的”旅游者多半学历比较低，年龄偏大或偏小，没有见过世面，遇事容易受别人的影响。

心遐想

导游小陈的分法可行吗？

四、能力对旅游行为的影响

旅游活动或旅游工作的完成，并非由单纯某种能力所支持，而是需要多种能力共同发挥作用。

在旅游消费活动中，旅游者的能力主要表现为对旅游产品和服务的识别能力、挑选能力、评价能力、鉴赏能力和决策能力，这些能力统称为购买能力。旅游者的购买能力是有个别差异的。从能力水平上看，有人购买能力水平高，有人购买能力水平低；从能力类型上看，完成同一种旅游活动取得同样的成绩，不同的人采取不同能力的结合；从能力发展上看，有人购买能力发展较早，有人购买能力发展较晚。研究表明，在旅游活动性质与旅游者的购买能力发展水平之间存在着一个“镶嵌”现象，每一种活动都有一个能力阈限，它既不需要超过这个阈限，也不能低于这个阈限，即执行某种性质的旅游活动，只需要恰如其分的购买能力水平。能力过高的人，从事一项比较容易的活动往往会对活动感到乏味，不能对该项活动维持兴趣，从而影响活动效率。反之，如果一个能力水平偏低的人，去从事一项比较复杂或比较精细的活动任务时，往往会感到力不从心，产生焦虑心理；严重的还会感到群体压力，可能出现人格异常，甚至出现事故。另外，旅游者的购买能力发挥程度和主观心理环境也有密切的关系，他在感兴趣、心境好的时候，可能会使能力发挥最佳水平、取得最大的“成就”，而在相反的主观心理环境下就可能“一事无成”。由这些研究可见，旅游者的购买能力与旅游消费行为之间有着密切的联系。

心思考 

（1）请你在朋友圈搜集一下朋友们外出旅游的原因，形成一份关于旅游者的需要的报告。

（2）从生态旅游、乡村旅游、自驾旅游、红色旅游、黑色旅游、海滨/海岛旅游、出境/入境旅游、影视旅游、体育旅游、景区旅游、世界遗产旅游中选择某一项目或者另选其他项目，作为自主学习的主题进行文献查阅，分析并总结你所选择的旅游项目的旅游动机。

心思路

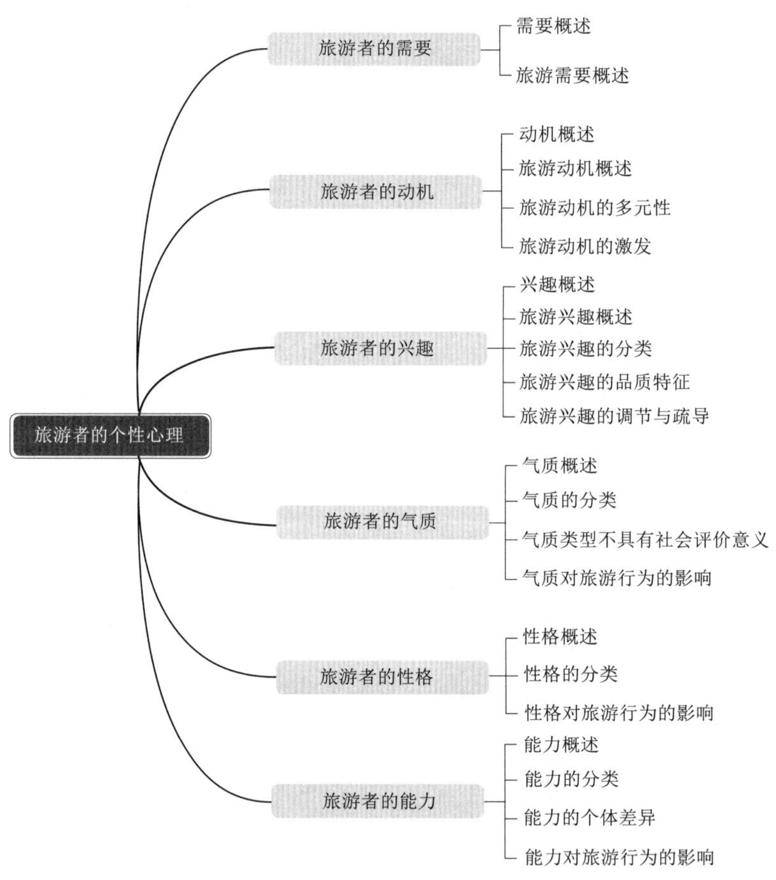

心笔记

第五章　旅游服务人员心理

心之语

旅游是知识之路，让大家都来参加旅游，周游世界，敞开自己的广阔胸怀，世界将成为人类更美好的乐园。

——罗伯特·麦金托什

心起航

麦肯锡顾问公司曾经做过这样的调查，得出以下的统计数字：

——出现了大问题而没有提出抱怨的客人，有再度惠顾意愿的占9%。

——会提出抱怨，不管结果如何，愿意再度惠顾的客人占19%。

——提出抱怨并且获得圆满解决的客人，有再度惠顾意愿的占54%。

——提出抱怨并且迅速获得圆满解决的客人，愿意再度惠顾的占82%。

在旅游过程中，旅游者和旅游服务人员之间必然发生着千丝万缕的各种关系，并且直接影响到旅游者的旅游体验和旅游服务人员的服务质量，旅游服务人员要学会正确处理旅游服务中的人际交往关系，积极应对旅游服务中出现的各种问题。

心目标

（1）了解并掌握旅游服务人员职业素质。

（2）学习旅游服务人员的形象和能力要求。

（3）学会处理旅游人际关系。

（4）理解并掌握旅游服务的投诉和处理原则。

第一节　旅游服务人员职业素质

旅游服务工作本质上是一种与人打交道的工作，是通过人际交往实现的。在旅游服务行业中，旅游服务人员与旅游者的关系本来是对等的，但由于旅游服务人员特定的角色，决定了旅游服务人员必须具备一定的职业素质。旅游服务人员的职业素质分为职业意识、职业知识、职业技能和职业道德。下面主要从这四方面进行阐述。

一、旅游服务人员必须具备良好的职业意识

链接

拓展学习

【拓展阅读】

希尔顿饭店的“微笑服务”

在旅游市场竞争日益激烈的今天，旅游服务的竞争主要在于服务质量、服务水平、服务意识，以及时时刻刻为旅游者着想。

（一）诚信服务

墨子曾言：“言不信者，行不果。”旅游服务人员要以旅游者为先，以诚信为本，把旅游者是否满意作为工作追求的最高境界。无论旅游者是何种国籍、种族、宗教信仰，都要给予热情服务；无论旅游者的性别、文化程度如何，都要一视同仁。主动服务，诚信对待旅游者，对他们不做任何索取的暗示。

（二）注重细节

惠普创始人戴维·帕卡德说过：“小事成就大事，细节成就完美。”要想成为一位优秀的旅游服务人员，应当时时刻刻办好“小事”。例如在日常的带团工作中，导游应该学会自查，日常准备一个小型的录音机，录下自己的导游词，闲暇时自己仔细听一听，随时发现自己的不足之处。旅游服务人员注意细节服务，应该在规范化的基础上，做到“润物细无声”。在工作中，多一分理解少一分抱怨，多一丝体贴少一分随意，多一丝微笑少一点苛刻，让旅游者与旅游服务人员之间的陌生感在细节中消失。

（三）积累经验

子曰：“学而不思则罔，思而不学则殆。”旅游服务工作人员要把旅游服务工作当作一份事业来经营，有意识地加强学习，并进行知识经验、技巧的积累。例如，作为一位优秀的导游，应是博古通今的“杂家”；应是泰然自若、口吐珠玑的“专家”；应是随机应变、口若悬河的“纵横家”；应是温文尔雅、谈笑风生的“儒家”。

链接

在线案例

1.没有不好的客人，只有服务不到家的导游

2.到家的服务

二、旅游服务人员必须具备一定的职业知识

旅游业是一个综合性的行业。它主要包括旅行社业、酒店业、交通运输业、餐饮业、休闲娱乐业，这些行业既相互联系又相对独立。每个行业

中有各种不同的部门、不同的岗位、不同的工种，各有各的特性，各有各的服务知识、技能、技巧。一名旅游服务人员如果只有好的服务愿望和态度，而没有必要的服务常识和娴熟的服务技能、技巧，优质服务就是一句空话。如果不能为旅游者提供优质服务，就会影响旅游业的持续发展。

作为专业化的旅游服务人员，应具有扎实的文化基础知识，并通过规范化的教育和积累获得在社会科学、自然科学、哲学等方面的较系统的普及性知识，这些是知识素质的基础。一般情况下，旅游服务人员知识面越宽越好，而不对知识的深度和精度做更高的要求。

旅游服务的礼节与礼貌常识，则是每位从业人员都应懂得并运用于每个接待环节的。礼节与礼貌既是个人修养和内心情感世界的外露，也是优质服务的重要内涵。在旅游接待中，要使用敬语，要提倡微笑服务，要懂得接待中介绍、问候、握手或其他礼节的顺序及有关知识，要懂得不同国家、不同地区在接待习俗上的差异，还要讲究与旅游者交谈的语言艺术及表情、体态等。

除了本岗位的服务常识、技能、技巧和礼节礼貌常识外，旅游服务人员还应懂得一些与旅游有关的或发生意外情况时能发挥作用的知识。例如，本地和外地的风景名胜知识、交通知识、邮电知识、货币和保险知识、工艺品和土特产知识、卫生和救护常识、节气和天气常识等。

专业化的旅游服务人员当然还应具有过硬的专业知识。在旅游业中，如酒店、旅行社、景区等不同行业，对从业人员特定的知识素质要求，专业知识在知识素质中处于高端位置，是旅游服务人员个体迈向职业生涯高峰的必备条件。

三、旅游服务人员应具备一定的职业技能

旅游服务人员在旅游活动的全过程中，为完成各项旅游服务工作任务还必须具备相应的技能。

旅游者来自世界各地，性格、风俗、习惯都不同，这既要求服务人员妥善接待他们，也要求旅游服务人员有较强的工作识别能力和活动能力。旅游者因年龄、性格、信仰、生活习惯、个人经历、文化修养、心理素质、身体状况等诸多方面不同，在旅游中的需求就有所差异。依照不同特征的旅游者的需求，应尽量站在旅游者的角度来思考问题及沟通。

旅游服务人员平时还要学习并掌握如何处理意外事故。一旦遇到意外事故，除第一时间向有关部门汇报外，还要做到保持冷静，以积极的态度客观分析情况，并准确做出判断，及时采取有效措施，使问题得到妥善解决。

此外，我国是一个多民族的国家，在部分偏远地区外语教育相对落后。而语言是人类交际的工具，也是旅游服务的重要工具之一。因此，提高我国旅游服务人员的语言水平，既是发展

旅游业的需要，也是提高中华民族综合素质的需要。我国旅游服务人员首先要讲好普通话，语音要准，语调要好，词汇要丰富，表达要准确；其次，要学会一门甚至几门外语；最后，要有较好的语言表达能力。

四、旅游服务人员必须具备良好的职业道德

旅游职业道德是旅游服务人员职业素养的重要内容。旅游服务人员介入旅游活动是以提供服务的形式，将旅游资源及设施与旅游者紧密结合，提供食、住、行、游、购、娱等构成的多种服务项目。旅游服务工作过程具有综合性、复杂性、服务性、开放性等特点，要求旅游服务人员必须具有良好的职业道德，这既是对本职人员在职业活动中行为的要求，也是职业对社会所担负的道德责任与义务。旅游服务人员要尽最大努力为旅游者提供更好的服务。在承受强大的劳动强度、面对复杂的劳动对象、满足多样的服务要求、应对变化的劳动场景时，要自觉遵守职业道德。旅游服务人员只有以积极、热情、乐观的态度，才能从容应对职业活动中的各种问题、化解各种矛盾，表现在言行上就是态度和蔼、用语文明、待客礼貌 、服务周到，体现在职业形象中则为和蔼、亲切、热情。旅游服务人员应严格遵循规章制度，时刻维护旅游消费者的权益，进而维护整个旅游行业的整体形象。

第二节　旅游服务人员的形象和能力要求

一、树立良好的个人形象

形象是一个人外表与内在结合而留下的印象，无声而准确地讲述着你的故事——年龄、文化、修养、社会地位等。旅游服务人员是旅游业的灵魂。旅游服务人员形象的提升不仅表现在仪容、仪表、语言等方面，还表现在内在精神和心理方面美的塑造。旅游服务人员要重视第一次“亮相”，树立良好的第一印象，至关重要的便是仪容、仪表、语言等方面。

（一）仪容美

旅游服务人员的仪容主要表现在脸部、姿态、动作等方面。接待旅游者时，以饱满的精神状态出现在旅游者面前，表现出对旅游者的欢迎和友好。女性化妆要淡雅而得体，不要佩戴过于夸张的首饰。这是由角色决定的，也是对旅游者的一种尊重。旅游服务人员的打扮必须适合自己的身份，头发要求“男不过耳，女不过肩”，发型大方，保证无胡须，不留长指甲，不用有颜色的指甲油及味浓的香水。旅游服务人员与旅游者相处应直率、不鲁莽；遇事礼让三分而不低三下四，站、坐、行皆有度。

（二）仪表美

俗话说：“三分长相，七分打扮。”仪表美可以反映一个人的品格和审美，也能在一定程

度上弥补仪容美的不足。旅游服务人员要衣着得体，适合身体特征和身份，不能太艳丽，以免喧宾夺主。工作服应干净、整洁，具有识别性。服饰穿着既要有特色，又要美观、实用，给旅游者留下舒适、优雅、大方的良好视觉形象（见图5-1）。

图5-1 良好的个人形象

（三）语言美

俗话说："说得好让人笑，说得坏让人跳。"语言是人际交流的重要工具之一。旅游服务人员的用语将直接影响并能调节旅游者的情绪，用语的正确性决定着服务的最终成效。语气要诚恳、谦逊，语意要准确，不要出现蔑视语、烦躁语、斗气语和否定语。对旅游者要称呼"先生""女士"等。

二、旅游服务人员的能力要求

能力来源于智力、知识和实践的组合，再加上个人的刻苦程度，就造成了能力上的差异。旅游业的发展要求必须有高质量的人员队伍。服务人员的能力直接影响服务质量的好坏，服务人员智力的发达程度直接影响企业形象和服务质量，服务人员智力水平的提高将直接带来社会效益和经济效益。智力也称智能，包括注意力、观察力、记忆力、想象力、思考力和语言表达能力等。每一种能力都与能否胜任旅游服务任务有关。高度发展的思维能力，能使服务人员科学地、实事求是地分析和判断周围的事物。旅游服务人员应该具备的基本能力包括如下几方面。

链接

拓展学习

【拓展阅读】
如何树立导游良好的形象

（一）观察力

察言观色是旅游服务人员的基本能力，很多的信息和旅游者的要求不仅通过语言来表现，更多的还会通过行为、表情和眼神来表现。观察力高度发展，就能随时观察并满足旅游者的个性化需要，旅游服务人员要在其中发现旅游者内心的需求，从而能够为旅游者提供更加贴心的服务。在繁忙的餐厅工作当中，餐厅服务人员更是需要"眼观六路，耳听八方"，没有敏锐的观察力是无法完成本职工作的。

（二）记忆力

旅游服务工作涉及面广、内容多样，服务对象成百上千，旅游服务人员可能同时要为很多旅游者服务，或为同一旅游者提供多种服务。记忆力在掌握知识技能、牢记旅游者特征和需求等方面是不可或缺的。旅游服务人员若没有较好的记忆力，工作和生活中必定会丢三落四，或者认错旅游者，或者上错菜。这种记忆力需要在工作过程当中有意识地加以锻炼，最终熟能生巧。

（三）理解能力和操作能力

旅游服务人员要能够准确地理解并执行上级下达给自己的指令，这里就需要有良好的理解能力和操作能力。例如，酒店服务人员需要有熟练的前厅、客房、餐厅等场合的接待技巧，具有较强的操作能力。

链接

在线案例

1.叫早服务
2.如何使用敬语

（四）语言表达和沟通能力

良好的语言表达和沟通能力是旅游服务人员的必备能力之一。对于旅游服务工作来说，服务人员的语言艺术显得尤其重要。掌握语言表达的技巧，具有说服别人的本领，这些都是智慧和能力的表现。例如，导游在向旅游者传达各种信息时，语言要准确、精练、生动形象并富有表达力，力争使旅游者从中陶冶情操，增长见识。

（五）处理突发事件的能力

旅游服务人员不仅应耳聪目明，而且应具有高度的智慧和处理实际问题的能力。处理突发事件有两种类型：一种是在自己的权责范围之内，要及时做出决策；另一种是在自己的权责范围之外，要及时向有关领导汇报。对于前一种而言，做决策时要考虑饭店、旅游者等多方的因素和利益，妥善处理，但不能思前想后、犹豫不决，要有果断决策的魄力。办事利落、随机应变是旅游服务人员处理突发事件时应有的品质。

第三节　旅游服务中的人际交往

一、人际交往概述

人际交往也称人际沟通。在旅游工作中，服务人员除了要处理许多与旅游者有关的“业务”问题之外，还会遇到大量的“人际交往问题”。实际上，避免各种可能发生的人际冲突、化解人际矛盾、通过人际沟通产生较强的人际吸引力、积极争取人际合作是旅游服务人员应必备的一种“业务能力”。

（一）人际交往的含义与特点

人类在社会生活中不是孤立存在的，他们要进行交往，要相互接触、相互联系、相互影响。人际交往是在人类社会活动中，人与人之间分享信息、传达思想、交流意见、表示态度、联络感情的过程（见图5-2）。旅游服务工作本质上是一种与人打交道的工作，是通过人际交往实现的。在旅游活动过程中，各种人际关系错综复杂，涉及旅游者与旅游服务人员的关系、旅游者

图5-2　人际交往

之间的关系、旅游服务人员之间的关系，等等。人际交往的特点主要有以下几方面：

1. 互动性

凡交往必有人们之间的信息交流与互动。因此，人际交往任何一方都会具有主动性，都不是被动接受信息，而是依据自己原有的知识经验，按照自己的兴趣、态度和需求去理解、分析对方的各种目的和意图，并做出恰当的反馈。

2. 综合性

人际交往是人们在直接交往和接触过程中产生和发展的，不仅是信息交流的过程，还包括思想、情感的综合渗透。人际交往作为信息的传递过程，必须借助一定的符号作为载体才能得以实现，符号系统是人际交往的工具。语言符号在人际交往中是最主要的工具，但不是唯一的工具，非语言符号系统在人际交往中也有重要地位。例如人的外貌、表情、手势、人际交往双方的相互状态等，它们对建立人与人之间的关系、对人际交往的内容和情绪等都有很大影响。

3. 情感性

人际交往离不开人们彼此间的情感活动。情感因素是人际交往的主要成分。人际情感倾向有两类：一类是使人们彼此接近和相互吸引的情感，这种情感可以使彼此之间相互接纳和认同；另一类是使人们互相排斥和疏离的情感，这种情感使彼此之间相互敌对、消极应付或分离，破坏人际交往的氛围，最终影响和谐的人际交往。

（二）人际交往的心理需求

人在社会生活中为什么需要进行人际交往？人际交往的心理基础是什么？心理学认为，人类个体进行社会交往的心理动因，即从产生动机的心理需要来看，可以分为本能的需要、合群的需要和自我肯定的需要共3个方面。

1. 本能的需要

人的交往需要是一种本能，是在个体发展进化过程中逐渐形成的适应社会生活的能力，它通过遗传直接传递给后代。婴儿一出生就需要为其提供温暖、舒适的环境，以及食物和安全感，以保证其健康成长。在母亲的指导和要求下，婴儿还学会参与交往、组织交往和维持交往，解决交往中的冲突和矛盾，学习最初的社会交往技能，并积累社会交往经验。人类天生就有与别人共处、与别人交往的需要，也只有在与别人的正常交往中，保持一定的情感联系、形成亲密的人际关系，人才会有安全感。

2. 合群的需要

心理学家通过实验发现，当个体对周围环境缺乏了解和把握，心情紧张、有高恐惧时，他们倾向于与他人在一起，寻求他人伴同；而处于低恐惧的情况下，这种合群的需要并不那么强烈。因此，与他人交往能增加人的安全感，减少恐惧感。

3. 自我肯定的需要

别人对个体的评价和态度，包括对待他们的方式就像一面镜子，使个体从中了解自己、界定自己，并形成相应的自我概念；否则，个体就无法正确地认识自己。在社会生活中与他人进行有效的交往，了解别人对自己的态度和评价，就可以使我们更好地了解自己，确立自己在群体中的地位，并树立相应的、可行的奋斗目标。

链接

在线案例

旅游服务中的客我关系

二、旅游服务中的客我关系与交往原则

（一）客我关系的含义与特点

1. 客我关系的含义

客我关系是人际关系的一种，是旅游者与服务人员在旅游活动中产生的关系，特指旅游服务人员与旅游者为了解决在旅游活动中共同关心的某些问题而互相沟通、交流情感、表达意愿、相互施加影响的过程中建立的人际关系。客我关系是旅游服务存在的先决条件，也是旅游服务的基础。

2. 客我关系的特点

（1）短暂性。旅游服务中的客我关系，主要是指旅游者与服务人员之间的关系。由于旅游者在一个地方逗留的时间不会很长，因而双方之间的交往也是短暂的、不深刻的。这就更加需要服务人员提供热情服务，以每天迎接新朋友的心理状态迎接旅游者。

（2）不对等性。旅游者是旅游活动的主体，是旅游服务的对象，处于接受服务的地位。服务人员是服务工作的主体，是为旅游者服务的，处于施予服务的地位。旅游服务中客我之间的接触，通常是一种不对等的过程，只有旅游者对服务人员下达指令、提出要求，而不存在相反的过程。假如服务人员不能正确认识这种客我关系，就容易产生“不平衡”的心态，而对旅游者表现出冷漠的表情或没有耐心，工作机械化、程序化，无任何感情的投入。

（3）理所当然。从旅游者的角度来看，旅游者到了陌生的环境容易产生焦虑不安的心理，还会比较敏感，希望得到热情、周到的服务；同时，旅游者认为旅游企业的服务是自己付出一定的代价购买的，是应该享受的，是理所当然的。因此，旅游者对旅游企业的态度非常在意，对旅游企业的服务行为也较挑剔。

（二）客我交往的原则

1. 功利原则

功利原则与金钱、财物、服务相关，也涉及情感、尊重等。例如，人们总是希望在人际交往中获得一定的支持、关心、帮助、感情依托等，而那些对他们来说是有所获得的或得大于失的交往关系，人们就倾向于建立和维持；反之，那些无所得的、得不偿失的交往关系，人们就倾向于逃避、疏远或终止。

从服务行业的角度看，旅游者与服务人员既有利益层面上的交换，如旅游者用钱换取物质产品、服务；同时，也有人际交流层面的交换，如情感的交换。每位旅游者都期望能够在交换中得到旅游企业超值的产品与服务，获得超值的享受。因此，服务人员应该在满足旅游者物质与服务产品需要的同时，以热情的态度和良好的服务行为，使旅游者觉得“得大于失”，而愿意保持或维护这种客我关系。

2. 不要与旅游者争输赢

在旅游服务行业，买方与卖方的关系决定了服务人员与旅游者之间是角色不对等的关系。因此，作为旅游服务人员必须意识到自己在服务工作中扮演的是服务人员的角色，要摆正自身的角色位置，尊重旅游者。

在旅游活动中，当旅游者与服务人员产生矛盾时，服务人员应该明确自己的角色任务，不能与旅游者争输赢。事实上，旅游者的某些行为有可能是不对的，但是服务人员没必要证明自己“一定是对的”，甚至逼着旅游者承认自己是“不对的”。这样一来，就把“分是非”变成了“争输赢”。当旅游者被迫向服务人员承认自己“不对”时，服务人员可能有一种“赢了”的感觉，但事实上你把旅游者“打败了”“气跑了”，是把你自己和你所在的企业“打败了”。换句话说，当你觉得旅游者“输了”时，实际上是你自己和你所在的企业“输了”。所以，旅游服务人员要时刻记住：永远不要同旅游者争输赢！作为旅游服务人员，应努力去学习角色、适应角色，使自己的个性尽量同服务人员角色的特性相融合，诚心诚意地做好服务工作。

3. 得理也要礼让旅游者

有些服务人员会想不通：旅游者怎么可能“总是对的”呢？难道他们就没有错的时候吗？难道服务人员一旦与旅游者发生分歧，“有理”的总是旅游者，“没理”的总是服务人员吗？服务人员想不通是有道理的，事实上，旅游者不可能总是对的。服务人员与旅游者有分歧也不可能每次都是旅游者“有理”，服务人员“没理”。必须指出的是，“旅游者永远是对的”这句话并不是对客观存在的事实所作出的判断，它只是对服务人员应该如何去为旅游者服务提出的一种要求，提出的一个口号。

服务人员应该记住：即使事实上旅游者是不对的，也不要说旅游者“不对”。旅游者是来接受服务的，而不是来接受批评的。如果服务人员批评旅游者，说旅游者“不对”，旅游者就会认为这是把“花钱买享受”变成了“花钱买气受”。当旅游者的所作所为确实有不当之处时，不明说旅游者“不对”并不等于完全不分是非。事实上，分清是非也并不是一定要在口头上挑明旅游者“不对”。例如，对于“逃账”的旅游者，服务人员是应该把钱追回来的，把钱追回来了就意味着是非已经在事实上分清了，并不是一定要指责旅游者的“逃账”，指出其

“不对”，从而让服务人员“争回面子”。当服务人员争回面子时，旅游者及潜在的旅游者也被彻底“赶跑”了。所以，服务人员得理也要礼让旅游者。

第四节　旅游服务的投诉与处理

链接

在线案例

旅游投诉相关案例

旅游者投诉是指旅游者主观上认为由于旅游服务人员工作的差错而引起的麻烦和烦恼，或是损害了他们的利益等情况向服务人员提出或向有关部门反映。投诉是不可避免的，是旅游者保护自己利益的一种选择。旅游者的投诉可以促使旅游企业及时发现问题，积极解决投诉能够消除旅游者的不良情绪，有利于企业今后提高服务和管理的水平。

一、旅游投诉原因的心理分析

（一）旅游投诉的原因

旅游投诉中，因为服务方面引起的投诉主要有以下几种：

1. 不尊重旅游者

旅游者外出旅游，都有受尊重的需求。但有时由于旅游服务人员不能摆正自己的角色，出现一些不尊重旅游者的行为。例如，讲话随意，言语上冲撞旅游者；不尊重旅游者的风俗习惯；服务态度不主动、不热情；无端怀疑旅游者取走酒店或宾馆的物品，误认为旅游者没有结清账目就离开餐厅；因旅游者生理上的缺陷而予以歧视等。

2. 服务质量差

旅游者投诉往往与服务质量有关，两者是成反比例的。服务质量越高，投诉越少；服务质量越低，则投诉越多。例如，在旅游服务工作中，服务人员忘记旅游者交代的需要办理的事情，损坏、遗失旅游者的物品，打扫房间工作马虎、敷衍等。

3. 硬件设施故障

旅游者投诉的原因还在于硬件设施设备的问题。例如，酒店客房空调不制冷，卫生间淋浴设备不出热水；在游览过程中，旅游巴士出现故障，不能按时到达目的地，让旅游者长时间等待；餐厅的餐具破损；电梯出现故障；等等。

4. 意外事件影响

有些旅游环节是旅游经营者很难控制的，而这些环节出现问题也会引起旅游者的不满，导致投诉。例如，在旅游高峰期，酒店房源紧张，酒店无法让旅游者及时入住客房；受到天气等自然环境因素影响，旅游者的行程受到影响，必须更换旅游线路中的旅游景点等。

（二）旅游者投诉时的心理特征

旅游者感到不满而投诉，实际上是一个循序渐进的发展过程。先是因为不满而产生情感抵触，如闷闷不乐、爱理不理等，这是冲突的潜在阶段；然后，会因为心理上的挫折和损伤无法得到补偿而愤愤不平，感情抵触最终爆发为行为抵触，或投诉，或冲突，达到纠纷的爆发阶段和高潮阶段。从旅游投诉的原因中，我们不难看出，旅游投诉具有明显的心理特征，具体可以概括为以下四个方面的内容：

1．求保护的心理

旅游者敢于并勇于拿起法律的武器进行旅游投诉，从根本上讲，主要出自旅游者寻求法律保护的心理需要。

2．求尊重的心理

旅游者投诉的一个重要原因就是没有受到尊重，没有得到合理的解释，没有得到赔礼道歉，所以他们希望通过投诉或者上诉的方式，求得尊重、获得同情。

3．求发泄的心理

旅游者一旦遇到令他们烦恼的事情后，觉得受到了不公平的待遇，会愤愤不平、心情抑郁。他们希望通过投诉，使自己的不满和抑郁情绪得到发泄，以便让自己久已沉重的心情有所缓解。旅游者认为自己花钱是来享受的，希望获得美好的旅游历程。

4．求补偿的心理

求尊重的心理和求发泄的心理主要属于精神方面的内容，而寻求补偿的心理则主要属于物质方面的内容。旅游者在旅游过程中，因旅游经营单位的过错或者过失造成了一定的经济损失，如意外交通事故、保管财物被盗、吃了不洁食品等，希望通过投诉，获得经济上和精神上的补偿。

二、旅游投诉处理的原则

（一）热情接待

旅游投诉无论是电话投诉还是上门投诉，被投诉单位都应该热情而有礼貌地接待。接待旅游投诉的工作人员尽可能不要安排年龄较小或是职位较低的人员，否则容易给投诉者一种敷衍了事的感觉。如果遇到一些重要的投诉，应该让被投诉单位的高层领导亲自接待，使旅游投诉者有受尊重的感觉。旅游投诉是否受重视以及接待是否热情，是能否妥善处理旅游者投诉的基础。

（二）耐心倾听

旅游投诉者大多性格外向，性情急躁，仿佛有倒不尽的苦水，让旅游者说话，鼓励对方把事情经过说出来，不要轻易打断对方的诉说，千万不要让旅游者感到他的投诉无足轻重。耐心倾听有利于弄清事实真相，以便恰当处理。

（三）书面记录

为了表示对旅游者投诉的尊重，旅游投诉接待人员可以进行必要的书面记录。这样，既可以让旅游投诉者感到他的意见得到重视，也可以让旅游者急躁的情绪因记录速度的放慢而得到舒缓和放松。

（四）保持冷静

在整个旅游投诉的接待中，旅游投诉接待人员要自始至终抱着冷静和沉着的态度，做一个“忠实”的听众。不要过多地打断或插话，更不要轻易地分辩、反驳或顶撞旅游者，即使旅游者态度蛮横、出言不逊，也要以容忍的态度保持冷静。在旅游者盛怒时，过多的解释可能被认为是对他们的指责和不尊重。

（五）同情对方

有些人认为，旅游者投诉是“多事”“有意找茬儿”，这样的态度是不利于解决问题的。一般情况下，旅游者是不会随意投诉的，他们投诉是因为相信相关部门能处理好这件事，希望旅游企业能够提高服务质量，杜绝类似问题。所以，当旅游者投诉时，要欢迎他们的投诉，尊重他们的意见，并站在旅游者的角度来思考和处理问题。

三、旅游投诉处理的步骤

（一）立即向旅游者认错，表示道歉

旅游者投诉无非是为了讨回一个公道，讨回一点“面子”，他们既然来了，被投诉者就应该想办法满足他们的这种心理需要。有时请职位高的经理或主管向旅游者道歉，也是一种有诚意的表示。有些投诉常常起因于误会，如果旅游者有所误解，旅游工作者仍然可以表示歉意，不要阻拦对方提出自己的要求，更不要指责或暗示旅游者“错了”，也不要马上进行自我辩解，即使旅游者真的错了，辩解也毫无益处。而道歉是不需成本的，道歉使投诉者觉得你的态度诚恳，能够消除旅游者的怨气，怒气消下去了，旅游者是会认识到自己不对的。无论如何，旅游者的意见总是对我们改进工作有帮助的，因此，同样应该向旅游者表示感谢。

（二）对旅游者表示安慰和同情

前来投诉的旅游者一般是觉得自己受到了伤害，要求主持公道。这时，旅游投诉接待人员必须对旅游者表示安抚和同情，这是抚慰其已经受伤的心灵的最好办法，也是把他的注意力引向解决问题，而不是拘泥于令人烦恼的细节和令人沮丧的情绪的唯一途径。如果旅游者大发雷霆，接待人员一定要保持冷静，不要计较旅游者过激的言辞，要对他们某些过激的态度表示宽容，要理解他们气愤的心情，让他们宣泄不满的情绪，并设法平息事态。能够说服旅游者的，往往不是严密的逻辑推理或滔滔不绝的大道理，而是对旅游者做出适当的同情和安慰的表示，

从而间接唤醒他们的理性，引导事态向着对双方都有利的方向发展。

（三）抓住申诉的核心内容

失望的旅游者进行的陈述可能是不客观的，也可能不是那么具体，甚至让人难以理解。在这一阶段，旅游工作者应认真倾听旅游者的陈述并正确理解他们的讲话，要想办法使他们申诉得更具体、更客观。要抓住旅游者申诉的核心，并可以提出一些问题来澄清事实。旅游投诉接待人员要对旅游者对他的信任表示感谢，此外还应把旅游者的申诉内容提纲挈领地总结或重复一遍，看他的理解是否与旅游者的申诉相一致。

（四）真诚面对旅游者，及时采取补救措施

1. 让旅游者得到代偿性的满足

当旅游者由于服务缺陷而感到不满意时，应该尽最大努力去满足旅游者的需要，最好是马上给予旅游者一些及时的、替代性的满足。对那些觉得“吃了亏”的旅游者，应该设法让他们得到补偿。在服务有缺陷时，可以通过心理服务来使客人得到补偿。

2. 引导旅游者往好处想

当旅游者遇到不顺心的事情时，旅游服务人员应当引导旅游者往好处想，让旅游者知道服务人员愿意为他们提供更好的服务，以消除他们不满的情绪。当实在无法满足旅游者的要求时，要设法取得旅游者的谅解。

3. 让旅游者“出了气”再走

在遇到问题时，若能够把情绪及时发泄出来，就能比较理智地来解决这个问题了。旅游服务人员应当让旅游者“宣泄”自己的感情，让他们“出了气”再走。在这个过程中，不要让“有气”的旅游者当众“出气”，也不要让许多旅游者凑在一起“出气”，尽可能地让旅游者单独“出气”。在旅游者“出气”时，不能允许旅游者有过激的行为，但要容忍他们某些过激的言辞。在旅游者一腔“怨气”全部发泄出来后，这时再与旅游者商量一个补救性的措施，切实解决旅游者的问题，尽可能让旅游者满意地离开。

若已圆满解决投诉，应感谢旅游者的谅解与协作，继续为旅游者提供热情周到的服务。对那些无理取闹、故意挑剔者，事后也不要冷落他们，而应继续为他们提供各类服务。旅游工作者要感谢每一位前来投诉的旅游者，因为投诉本身表明，尽管发生了问题，旅游者还是对服务给予了信任，并没有因此灰心丧气地对服务态度冷淡和不予理睬。

心思考

（1）旅游服务人员应具备哪些基本素质？举例说明。

（2）旅游服务人员的形象要求表现在哪些方面？

（3）人际交往的定义是什么？

（4）人际交往的心理需求有哪些？

（5）客我关系的定义是什么？

（6）怎样理解“客人总是对的”这句话？

（7）什么是旅游投诉？引起旅游者投诉的原因主要有哪些？

心思路

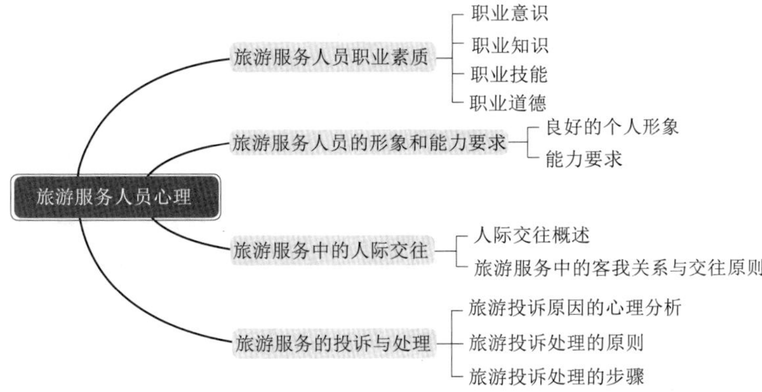

心笔记

第六章　旅游行业服务心理

心之语

我们的生活就像旅行，思想是导游者，没有导游者，一切都会停止。目标会丧失，力量也会化为乌有。

——歌德

心起航

一位酒店总经理的朋友于22：00左右来到前厅，声称有预订，要求马上入住。前台服务员查询系统后发现并无该客人的预订，但其客史表明以前入住的房价为200元，于是就告诉客人："先生，对不起，我们总经理并未给您预订房间，您需要和其联系后才能入住。""但现在已经太晚了，你先让我住下，明天我再与你们总经理联系。"客人提议道。"对不起，我们酒店有规定，入住之后房价就无法更改了，现在我不知道您的房价，所以真的不能让您入住，要不您还是联系一下吧！"服务员回答。最后，客人非常生气，进行了投诉。

前厅服务员应该如何正确处理这起事件呢？你知道客人在酒店会产生哪些心理需要吗？酒店服务人员应掌握哪些基本心理服务策略呢？

心目标

（1）了解旅游者在前厅、餐厅、客房、交通、购物、娱乐等旅游过程中的基本心理需要。

（2）掌握旅游服务人员在各部门服务过程中的基本心理策略。

第一节　前厅服务心理

前厅处于酒店与客人的中介桥梁位置，是与客人接触最频繁的部门之一。前厅是旅游者产生首因效应的场所（见图6-1），优质的前厅服务会使旅游者产生良好的第一印象，增加旅游者的信任感、认同感，使旅游者迅速融入酒店情景中，并为后续的服务沟通打下良好基础。前厅也是旅游者产生近因效应的场所，旅游者在前厅办理离店手续，如果在离店过程中旅游者需求得到满足，有助于旅游者对酒店持续保持美好的体验感，提高旅游者对酒店的忠诚度、美誉度。

图6-1　前厅服务

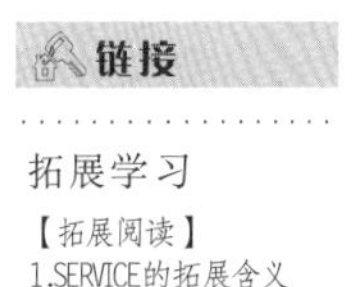

拓展学习

【拓展阅读】

1.SERVICE的拓展含义

2.“金钥匙”和普通服务员有什么区别

3.闻香识酒店

一、旅游者对前厅服务的心理需要

前厅是旅游者了解酒店的第一个视角，前厅服务无论在酒店管理人员眼中，还是在旅游者的心目中都显得举足轻重。前厅服务人员要充分了解旅游者的心理需求和变化，引导旅游者感知酒店良好品质，为旅游者营造愉悦的心理，使旅游者迅速适应“入乡随俗”的环境变迁。

（一）方便、快捷的心理需要

前厅是旅游者必经的一个环节，但不是他们的目的所在，对于旅游者而言，此时最重要的目的是休息。经过旅途奔波进入酒店，旅游者渴望迅速安顿下来，缓解旅途疲劳，为接下来的安排做好准备，所以旅游者希望所有的手续能尽快办理。如果此时服务人员办事拖沓，极易引起旅游者的烦躁心理。

旅游者离店时也有着急切的心理，有的是为了赶车，有的是旅游之后想家的愿望强烈等，所以离店结账手续办理过程要准确、快捷，使旅游者能迅速离店。

（二）美观、舒适的心理需要

随着经济的发展和生活水平的提高，人们对环境的要求以及审美观在不断提升。前厅是酒店的门面，一般来说，进入酒店后，对酒店的感性认识会在一定程度上影响对酒店的整体印象，环境的好坏直接影响对酒店品质的认定。所以，酒店的前厅环境设计要美观、雅致、清洁、整齐，尽量营造温暖、舒适、和谐、欢迎的气氛，让每一位来酒店的旅游者能感受温馨、亲切，获得欢迎、尊重。酒店的大厅还应注重突出本地特色，以雕塑或壁画等形式，体现强烈的地方文化气息，使旅游者对酒店留下深刻的印象。

（三）了解知识信息的心理需要

旅游者出门旅游，就是到不同于常住地的地方体验一种不同的生活，感受不同的风土人情，领略不同的美景和美食。他们到达目的地之后，迫切想知道当地主要的旅游观光景点、商场或购物中心名称、交通情况等，以满足自己的好奇心理。因此，前厅一定要准备好相关信息资料。前厅服务人员也要熟悉和掌握一些当地的基本信息，包括各种常用交通工具的时刻表、价目表，本地的详细地图，本酒店及某所属集团的宣传册，酒店当日的活动安排，本地主要娱乐场所特色及其地址和电话号码等。前厅服务人员在接待时，要主动介绍本酒店的客房信息和服务项目，让旅游者心中有数。同时，针对旅游者的需求心理，服务人员还要热情、耐心地介绍本地旅行和交通等信息，提高旅游者的满意度。

（四）被尊重与公平的心理需要

被尊重是人类高级层次的需要。首先，旅游者一进入酒店，接触的就是前台的接待人员，服务人员热情、温暖的接待就体现出对旅游者的尊重。其次，旅游者都希望自己的要求和意见能够有人倾听，需要的服务能及时、准确地提供，当他们的要求得到了服务人员的尊重和满足时，宾客之间和谐、信任的关系就会建立，也就为以后发生的所有关联确定了基调。旅游者来酒店入住，都希望个人的基本信息和隐私能得到保护，这也是受到尊重的表现。前厅服务人员应充分了解旅游者的这种心理需求，不能随意泄露旅游者的信息，也不能随意透露旅游者的房号等，除非得到旅游者的允许，否则不可将来访者带至旅游者房间。

随着现代文明的发展，追求公平是人们的普遍心理需求。在旅游或商务活动中存在消费档次高低之分，但求公平、求合理的心态是一致的。前厅是旅游者体验公平的第一窗口。在与前厅人员交往过程中，如果每一位旅游者都受到公平对待，服务人员能友好、诚实、有礼地对待每位旅游者，耐心地听取旅游者的意见并快捷地提供准确的服务，那么旅游者会对酒店的服务效果做出良好的评价。

二、前厅服务的心理策略

前厅是留给顾客第一印象和最后印象的部门，酒店服务人员必须重视对旅游者的接待和送别工作，可以从以下几方面做好准备。

（一）高效做好总台接待工作

总台服务工作的内容主要包括预订客房、入住登记、电话总机、行李寄存、贵重物品及现金保管、收账结账、建立和保管档案、接待旅游者的咨询、处理入住后的问题、办理会员卡等。总台作为酒店服务的中枢，其工作既重要又复杂，要做到准确、高效，力求万无一失，满足旅游者求方便、快捷的心理需求。

> **链接**
>
> 在线案例
>
> 1.外宾的苦闷
> 2.一位女士的到访

（二）创设优美、舒适的环境

人们外出旅游或进行商务活动的同时，也在享受和体验异地文化的特色，因此在前厅服务过程中，前厅环境美化、装饰布置等方面首先要有吸引力，给人留下良好的第一印象，从而增强旅游者对酒店的认可度。例如，广州花园酒店的大堂里有一幅根据名著《红楼梦》创作的大型壁画《大观园》，该壁画金碧辉煌，具有浓郁的东方特色，形成一道亮丽的风景线，引起了许多外国旅游者对中国历史和文化的浓厚兴趣。前厅所有设施环境要保持高度清洁、宁静优雅，给人舒适、温馨的感受。同时，酒店前厅的装饰和陈设应营造意境美，使旅游者产生美的享受。

链接

拓展学习

【拓展阅读】
1.“谦恭誓约”
2.酒店前厅特殊天气特色服务
3.尴尬的卫生间标识

（三）树立优美的服务人员形象

前厅服务人员的形象是给旅游者留下良好印象的首要条件，也是为旅游者创造美好体验的重要保证，其形象美应该与环境美和谐辉映，相得益彰。

前厅服务人员应当身材挺拔，五官端正、面容姣好；化妆淡雅，饰物适当；服饰美观得体，具有识别性；讲究个人卫生。在工作岗位上，以整洁、大方、得体、优雅的仪表吸引旅游者。服务人员在与旅游者打交道时要热情、主动、端庄、有礼，熟练掌握礼貌用语，了解不同国家、民族的风俗礼仪，给旅游者营造亲切、自然的氛围。

语言美表现在语气诚恳、谦和，语意确切、清楚，语言动听、悦耳。在接待中，要杜绝“四语”，即蔑视语、烦躁语、斗气语、否定语。另外，为了使语言能够为旅游者接受和理解，服务人员应尽可能多熟悉几种外国语言以及我国一些地方方言，以便与旅游者交流。

（四）提供细致、周到的服务

前厅服务人员接触面广，业务繁杂，前厅服务项目众多，使用快速、高效的现代化科技手段为旅游者提供服务，才能让其感到“宾至如归”。例如，为旅游者开关车门，记住出租车号码，细心留纸条给旅游者，帮助找回旅游者遗失在车上的物品；记住旅游者的名字，对其微笑、打招呼；留意旅游者的生日等特殊日子，提供个性化服务等。要做好周到服务，酒店就要从专业、细致的角度尽可能地为旅游者着想，解决旅游者的不便，为旅游者提供超乎想象的服务。

第二节　餐厅服务心理

旅游者的基本需求包含在食、住、行、游、购、娱中，其中食占第一位，食是我们维持生命的第一需要。而作为经营“食”的餐厅及其服务无疑成了酒店服务中的重要环节，餐饮产生的收入约占酒店收入的1/3。好的餐饮及其服务不仅是酒店的产品，而且是一种旅游产品，是一种可以引来客源、建立品牌的资源。酒店餐厅承担宴会、酒会、冷餐会、茶话会、零点、包餐、酒吧等各项任务，它不仅为住宿的旅游者服务，还为非住宿的旅游者服务（见图6-2）。餐厅服务人员要最大限度地满足旅游者的需要并

链接

拓展学习

【拓展阅读】
1.餐饮服务行业的顾客满意指标
2.宋朝酒店业

图6-2 餐厅环境

提供优质服务，深入分析旅游者的心理，了解旅游者需求。

人类饮食历程

人类的饮食经历了一个逐渐发展的过程。用形象的语言表达：

（1）用“肚子”吃。饮食的目的是果腹、填饱肚子；饮食的方式是茹毛饮血、生吞。

（2）用“嘴巴”吃。发现火与调味品，饮食的目的是品味，满足口福。

（3）用“眼睛”吃。多感官地享受美食，满足审美。

（4）用“脑子”吃。讲究营养科学，以达到身心健康的目的。

一、旅游者对餐厅服务的心理需要

（一）求形象美的心理

客人在餐厅用餐不仅重视食品的美味，而且对餐厅的环境和氛围有很高的要求。餐厅的外部形象要美观，这样才能引人注目，给客人美好的印象。餐厅的内部环境要幽静、雅致，氛围要祥和。很多客人都希望餐厅的温度适中，灯光柔和，陈设讲究，富有特色，同时营造出舒适的环境。

（二）求清洁卫生心理

良好的卫生环境给客人安全、愉快、舒适的感觉。餐厅卫生状况是客人选择餐厅的一项重要标准，也是餐厅争取回头客的基本要素。餐厅是供客人就餐的场所，应该做到空气清新、地面干净、墙壁无灰尘，窗明几净，餐桌餐椅整齐、干净，台布、口布洁净无瑕，厅内无蚊无蝇。客人总

链接

在线案例

1.点菜风波
2.一根鸡毛
3.日本客人要什么

希望在餐厅吃的食物都是新鲜、卫生的，餐具都经过了严格的消毒，餐厅的环境整洁、雅静，客人能在安全、愉快、舒适的环境中品尝美味佳肴。

（三）求方便、快速的心理

客人来到餐厅后希望马上找到合适的座位，希望服务人员能提供快速的服务，因为客人的旅游行程一般都安排得比较紧凑，就餐后往往还有其他活动安排。心理学的研究表明，期待目标出现前的一段时间会使人体验到一种无聊，甚至痛苦。客人在餐厅点菜后坐在那里一般会感觉很无聊，因此不要让客人等待的时间太长。客人用餐结束，账单要及时送到，不能让客人等待付账。

（四）求公平的心理

公平合理是客人对餐厅服务的基本要求。只有当客人认为在接待和价格等方面是公平合理的，才会产生心理上的平衡。如果客人在就餐的过程中，并没有因为外表或消费金额上的不同而受到不同的接待，在价格上没有吃亏受骗的感觉，他就会觉得公平合理，就会感到满意。因此，餐厅在指定价格、接待规格上都要注意尽量客观，做到质价相称、公平合理。

（五）求尊重的心理

餐厅服务中也要满足客人的尊重需要。俗话说："宁可喝顺心的稀粥，决不吃受气的鱼肉。"这句话道出了尊重客人在餐厅服务中的重要性。如果客人在就餐中未得到应有的尊重，服务中出现有怠慢客人的现象，再好的美味佳肴也会"食之无味"。尊重客人体现在客人用餐服务的各个环节，如微笑迎送客人、恰当领座、尊重客人的饮食习俗等。

二、餐厅服务的心理策略

旅游者来自世界各地，需求各不相同。餐厅服务人员要让客人感到满意，除了要有良好的服务技能外，还要懂得如何把握客人需求，为客人提供个性化服务。

（一）满足客人求形象美的心理需求

心理学研究表明，人对外界的认识是从感知觉开始的，为了给客人营造一个良好的就餐环境，留下良好的印象，餐厅应十分重视形象美。

1. 树立餐厅的形象美

餐厅的形象是人们视、听、嗅觉各方面感觉组合的结果。常以视为先导，餐厅的内外环境应舒适、清洁、明亮、美观、优雅、大方。在选择色彩时，要了解不同的色彩会产生不同的心理效果。优美的听觉形象能制造良好的进餐气氛，还能增加客人的食欲。在餐厅播放节奏轻快的音乐，客人停留的时间短些；播放节奏悠扬的音乐，客人停留的时间相对长些。餐厅服务员不要使用气味浓烈的香水，以免干扰客人对食物的味觉和嗅觉。

链接

拓展学习

【拓展阅读】
1.一家卖故事的酒店
2.南京金陵饭店：给客人的美好生活加点料
3.北京：十大不可不吃的特色餐厅

由于餐厅有大量客人同时用餐，餐厅里容易混杂饭菜味、酒味等各种味道，因此餐厅要时刻保持空气流通。

2. 重视餐厅服务人员的形象美

餐厅的服务人员必须注重仪容仪表，从服饰、发型、饰物到坐、立、行等各方面都要做到整洁、大方、自然，塑造良好的形象，给客人留下美好的印象。如果服饰花哨、袒胸露背，不讲卫生，头发油腻有异味，会使客人产生厌恶心理。

3. 创造饮食产品的形象美

中国饮食以色、香、味、形、器、名俱佳而闻名世界。在人们的生活经验中，食物的色泽与其内在的品质有着固定的联系。良好的色泽会使客人产生菜品质量上乘的感觉，同时激发客人的食欲。古人曾说："闻香下马，知味停车。"饮食不仅要有好的味道，而且是艺术作品。通过烹饪大师的切、雕、摆、制等技艺，给客人提供一道道造型优美的美味佳肴，给人带来美的享受。

4. 注重餐具的形象美

餐具的形象美也很重要。古人云："美食不如美器。"例如，再好吃的菜肴如果用一个缺了口的盘子端上来，也会影响客人的食欲。美酒、美菜应配备美观的酒具和菜盘。使用不同材质、形状、花纹的精美餐具，可以把食品衬托得更加美味诱人。好的餐具再配以特别的菜肴名称，更能引起客人的食欲。

（二）满足客人求清洁卫生的心理需求

客人在餐厅对环境卫生的需求非常高。要保持地面清洁无污垢、杂物，走廊、墙壁、门窗、服务台、桌椅应光洁，灯具明亮无尘，室内空气清新，无蚊蝇等害虫。即使在旅游旺季，也要保证及时清桌、翻台，保证餐厅环境卫生。食品卫生方面，餐厅严禁使用腐败变质的食品。特别是凉拌菜，要用专用的经消毒处理过的工具制作，防止生、熟、荤、素菜发生交叉污染。厨师、服务人员要符合相关的身体健康要求，没有传染性疾病。另外，餐具必须有相应的专门消毒设备、保证餐具件件消毒，或使用对环境无污染的一次性餐具，满足客人的卫生需求，保证客人放心用餐。餐厅服务员按卫生操作规范提供服务，无论是餐台布置、餐桌准备、餐中上菜、配菜、倒酒都应按规范进行。例如，上菜时手指切忌碰触食物，保证饭菜的卫生。

（三）满足客人求快捷方便的心理需求

客人在餐厅用餐一般都不愿意等候，希望餐厅能提供快捷的服务。从时间知觉上来说，对期待目标物出现的那段时间，人们会在心理上产生放大现象，觉得时间过得很慢，等待的时间变得更长。为适应客人求快捷的心理，餐厅要做到如下措施：常备快餐食品，服务反应快，及时上安客茶，快速结账。

（四）满足客人求尊重的心理需求

客人对餐厅的需求实际上隐含了客人对情感、社交、自我实现等较高层次方面的需要。

尊重客人体现在客人用餐服务的各个环节，如微笑迎送客人、恰当领座、尊重客人的饮食习俗等。客人的选择应受到尊重，服务人员不能因选择廉价菜品而怠慢客人。客人的饮食习惯应受到尊重，服务人员不能歧视客人特殊的饮食风俗，如穆斯林要前往清真餐厅就餐、佛教徒的茹素要求等。

客人的行为活动应受到尊重，服务人员应面带微笑迎送客人，及时满足客人的合理需求。

（五）满足客人求新求知的心理需求

客人在餐厅用餐，除了满足其生理需求外，品尝美味佳肴和当地特色食物是他们的心理需求之一。餐厅应努力满足客人对地方特色食品的需求，如南京的板鸭、北京的烤鸭、陕西的羊肉泡馍、山西的刀削面等。心理学研究表明，凡是新奇的事物总是引人注目的，易激发人的兴趣和求知欲。服务人员在介绍菜肴时，还要恰当讲述每道菜名称的寓意、来历、典故或传说、营养价值、用料与烹制方法，以满足客人的求知欲望。

第三节　客房服务心理

一、旅游者对客房服务的心理需求

客房是酒店的重要组成部分，是酒店的主体，是旅游者在旅途中的“家”。旅游者对饭店客房的心理需求，与对餐饮、商场和娱乐场所的需求是不同的。为做好客房服务工作，客房服务人员既要确保房间处于常新、舒适的状态，又要根据旅游者在客房生活期间的心理特点，有针对性地开展生动、有效的服务，满足旅游者需求，使他们满意而归，并能向亲朋好友介绍、宣传酒店，保持酒店的良好声誉（见图6-3）。

图6-3　客房环境

任何旅游者在走进一个从未来过的酒店时，总会有一种新奇的印象或感受。这种印象是好是坏，取决于他在进入酒店后经历的所有过程。经前台登记，由大堂到电梯间，出了电梯间经过客房走廊进入房间，在此过程中旅游者若能感受到一种预期的柔和、亲切的气氛，自然会加深印象，提高再次光临的可能性。

（一）求整洁卫生的心理需求

整洁卫生是旅游者对客房最普遍、最重要的心理需求，也是旅游者选择酒店的第一要素。客房的各项设施重复使用率高，因此旅游者特别在意客房卫生条件，尤其对同自己身体直接接触的各种用具（如浴缸、脸盆、马桶、拖鞋、被褥、口杯等）更加敏感，希望这些用具经过彻底的消毒与清洁，是可以放心使用的，同时希望客房环境幽雅、空气清新。

客房的整洁卫生还包括服务人员自身的卫生与整洁，要始终保持干净、利落、精神状态良好。服务人员清理客房应遵循一定的程序，一般情况下，要在旅游者不在房间时进行。如果旅游者有特殊需求，可以随机处理。同时，服务人员可以采取一些措施来增强旅游者心理上的卫生感和舒适感。例如，在更换的物品上贴上“已更换”标志，在清理后的物品上贴上“已消毒”标志，在茶具上蒙上塑料袋等。

如今，环保观念已深入人心，人们的环保意识也日益增强。旅游者不但希望客房内空气不受建筑材料的污染，床上用品、沐浴液、洗发水等不刺激皮肤，还希望客房的设施设备节能环保，既能方便客人的居住生活，也能更好地节约能源。

（二）求安全方便的心理需求

安全需要是居住酒店时的基本要求之一。“一路平安”承载了家人朋友对外出旅游者的真挚祝福，可见“安全”在旅游者心中的位置。在马斯洛的需要层次理论中，安全需要仅次于生理需要，是必须得到满足和保障的。安全包括人身安全和财产安全。保护旅游者的人身和财产安全是酒店义不容辞的责任，而客房是酒店的基本设施和主体建筑，是酒店安全问题的主要发生地。客房部的安全管理，如防火、防盗等，就成为酒店安全管理的主要任务。客房部要在日常管理中采取各种积极有效的措施，防患于未然。旅游者外出旅游时都会携带有钱财和行李，最担心财物丢失或被盗而给自己的生活、旅游与返程带来经济上的困难，因此他们希望在酒店住宿期间自己的财物得到安全的保护，使他们能够放心地休息和游玩。

旅游者外出旅游，酒店的客房就是他们临时的“家”，他们希望客房部能提供像“家”一样的方便服务，如备有常用的生活用品，提供代客洗衣、代熬中药、代管物品等服务，而且他们希望这些要求一经提出，就能尽快得到满足。

（三）求宁静舒适的心理需求

客房的主要功能是为客人提供休息场所，客房环境的舒适、宁静是保证这一目的实现的重要因素。心理学研究表明，如果剥夺了人的睡眠，会导致人焦躁不安，情绪不稳定，记忆力下降，甚至死亡。因此，旅游者参观、游览或进行商务活动之后回到酒店，都希望有一个安静、舒适的休息环境，客房服务要让旅游者感受到像在家里一样的舒适。

保持客房宁静就是要防止和消除噪声，需要从硬件和软件两方面着手：硬件上，酒店选择的设备产生的噪声要小，同时要保证隔音性；软件上，服务人员必须做到“三轻”——走路轻、说话轻、操作轻。

（四）求尊重心理

尊重是人的较高层次心理需求。客房服务人员在任何时间、地点都要绝对尊重每一位旅游者，奉行“客人永远是对的”的服务理念，诚挚地关心和爱护每一位旅游者。旅游者希望看到服务人员真诚的微笑，听到服务人员亲切的语言，得到服务人员热情的服务，希望服务人员尊重自己对客房的使用权，尊重自己的生活习惯，尊重自己的客人等。在未得到允许的情况下，服务人员不得擅自进入房间，不能乱翻客人的私人物品。服务人员要尊重来自不同国家和地区的旅游者的各种风俗习惯、宗教信仰，使旅游者感到被理解、被重视；要适当使用尊称；记住旅游者名字等。

二、客房服务的心理策略

（一）整洁卫生，营造绿色环境

整洁卫生是评价客房服务质量的基本标准。客房通过反复出租来实现其价值，保持整洁卫生就成为客房服务的首要任务。服务人员要按标准对客房进行及时的清扫和整理，保证房间墙面、地面、设备用品表面无灰尘及污垢，卫生间内无垃圾、头发，马桶、浴缸、脸盆无污渍，卫生间用品（如牙刷、香皂、浴液、浴帽、浴巾、手巾等）及床单、被套、枕巾、脚垫巾等及时更换。

链接

在线案例

1.褥垫上的污渍
2.酒店遇袭事件
3.周女士的惊喜

为使旅游者安静休息，客房内应避免噪声。例如，设计客房时应将走廊两旁的门错开，加厚墙壁并使用隔音材料，以减少相邻房间噪声的传播；地板和顶棚使用吸声材料，以减少楼上楼下的噪声污染；采用双层、密封窗户，以减少噪声由室外传入客房。同时，规范服务，减少服务人员的噪声。例如，服务人员在打扫卫生或提供其他服务时，要做到“三轻”；要严格控制各种设备发出的噪声，如空调机噪声、窗帘启合声、浴缸放水声、马桶冲水声、浴室排气扇噪声等。

为旅游者提供绿色环保的客房环境。例如，设立无烟楼层；牙刷、梳子、小香皂、拖鞋等一次性用品和毛巾、枕套、床单、浴衣等客用棉织品，按旅游者意愿更换，棉织品采用无污染原料；房间内无装饰装修污染，放置对人体有益的绿色植物，空气质量符合国家标准等。通过营造绿色环境，增强旅游者的环保意识，使其积极参与到保护环境的行列中。

（二）舒适安全，打造放心空间

旅游者对客房舒适的要求，主要包括室内空气清新，装饰色调和谐，设备造型美观、质地优良、功能完好等。客房设备还可根据旅游者入住需求灵活布置。例如，为商务旅游者提供小型保险箱和联网计算机；为度假旅游者提供小型家庭影院；为带小孩的旅游者提供大床和卡通影片；为女性旅游者布置房间时，充分考虑女性心理和生理特征。

为满足旅游者求安全的心理需求，服务人员应提高警惕，注意楼层内的可疑人员，防止不法分子进入客房威胁到旅游者的人身及财产安全。客房内外配备健全的保安设备，如走廊的监控摄像头、自动备用电源、“安全出口”指示牌、房顶的火警报警器、自动喷淋灭火装置、房间门后的“安全疏散路线图”、书写桌上的“安全须知”、豪华客房的保险箱等，配备以上设备能使旅游者产生酒店安全系数较高的安全感。

（1）客房内所有的装饰材料，应采用非燃烧或难燃烧材料；窗帘一类的丝棉织品应经阻燃处理。

（2）客房内除了原有电器和允许宾客使用的电吹风、剃须刀等小型电器外，禁止使用其他电器设备，尤其是电热设备。

（3）凡携带易燃易爆物品进入酒店的旅游者，应及时将这些物品交由服务员进行专门保管和存放。

（4）客房内应配有禁止卧床吸烟的标志、应急安全疏散路线图和住客须知等安全指南。

（5）服务人员应对卧床吸烟、乱扔烟头、入睡后不关音响和电视等违反消防安全管理的行为进行劝阻，必要时可请保安进行制止。

（6）按照《建筑灭火器配置设计规范》配备相应的灭火器材，一般每四五个标准间配备一组ABC型干粉灭火器，并定期检查，保证其完整好用。

（7）做好客房的财产安全保护工作，防止内盗、外盗、内外勾结盗窃。

（三）文明礼貌，充分尊重旅游者

服务离不开微笑，微笑要贯穿服务过程始终。希尔顿饭店集团首任董事长康纳德·希尔顿说：“如果缺少服务员的美好微笑，好比春日的花园里失去了阳光和春风。假如我是顾客，我宁愿走进那虽然只有残旧的地毯，却处处见到微笑的旅馆，而不愿走进拥有一流设备而见不到微笑的饭店。”

链接

拓展学习

【拓展阅读】
1.网络评分提高了，行业整体服务品质呢？
2.烟台让饭店服务“亮”起来
3.国内女士专属酒店

客房是旅游者获得亲切感、满足尊重心理的重要场所。客房服务人员在与旅游者交流时要使用尊称和礼貌用语。服务人员应注意礼节，经旅游者允许方可进入客房，不可通过门缝偷窥旅游者；不可嘲笑用错客房设备的旅游者，更不能嘲笑有生理缺陷的旅游者；对于损坏设备或企图带走客房用品的旅游者，应婉转、礼貌地告知其酒店的规定，不可伤害旅游者的自尊心。

（四）热情周到，提供“超常服务”

热情周到是指服务人员要把服务工作做在旅游者开口之前，主动迎送、打招呼、照顾老弱病残等，真正做到宾客至上。例如，当旅游者结束了一天的活动，晚上回到房间时，看到窗帘已经拉上，床已经铺好，拖鞋整齐地放在床边时，会感受到服务人员的贴心服务。所谓“超常服务”就是超过常规服务的服务，为旅游者提供规范外的额外服务，这也是优质服务的主要表现形式。

第四节 旅游交通心理

旅游交通心理从根本上说就是旅游者的旅行心理，是旅游者对旅游运输设施、工具与服务的能动反应，包括对旅游交通的知觉、需要、态度、兴趣、情绪等。旅游交通是旅游者完成旅游活动的必要条件。因此，要明确旅游者对旅游交通服务的心理需求，在旅游服务中要掌握确保交通安全舒适、准时准点的具体措施和正确处理常见的旅游交通服务问题的方法。

心遐想

小刘参加了某旅行社组织的一次旅游，载着旅游者的大客车行驶在崎岖不平的山路上，驶至一个急转弯处时，司机并未放慢速度，致使车体碰在岩崖上，将靠在车窗边的小刘头部撞伤，后因诊治无效，导致右脸面部神经麻痹。据有关部门调查，在山路上行驶时，由于路况极差，车体颠簸得厉害，车上导游人员并未作任何警示和采取必要的措施（如让司机减慢行车速度）。事后，小刘向旅行社提出索赔。

（1）在此案例中，旅游者的哪些心理需求没有得到满足？

（2）谈谈你从该案例中得到的启发。

一、旅游者对旅游交通服务的心理需求

旅游是人们在满足基本生活需求后所追求的高层次的精神需求。因此，旅游者在出行过程中对旅游交通的需求不同于一般的居民出行，而是有着更高的心理需求（见图6-4）。

图6-4 旅游交通

（一）求交通安全的心理

从马斯洛的需要层次理论来看，安全需要是人们满足生理需要之后一种基本的心理需要。旅游者对旅游交通服务的首要需求就是安全需求。旅游者的安全需求在旅行途中表现得特别突出。旅游者希望在旅途中“一路平安”，都不希望发生交通事故。只有在安全的保障下，才有美好的旅游体验。安全是旅游活动的前提。只有被认为是安全的旅游交通服务，人们才敢放松心情进行旅游，从而消除紧张不安的心理状态。因此，旅游交通只有在确保旅途和游览安全的前提下，才能构成有效的服务。某一景区如果交通事故不断，旅游者连起码的人身安全都没有保障，则必然破坏该景区的旅游形象和市场发展前景。

在旅游业运行各环节中，旅游交通是安全问题影响极大的环节。2018年，全国共发生道路交通事故244 937起，造成63 194人死亡，258 532人受伤，直接财产损失约13亿元。近年来，旅游交通事故时有发生，并且旅游交通存在着巨大的安全隐患，因为旅游交通事故往往具有毁灭性。例如，2018年4月22日，一辆载有34名中国旅游者的旅游大巴在朝鲜黄海北道发生重大交通事故，大巴从当地一处大桥坠落，造成中国旅游者32人死亡，2人重伤。

《中国交通报》曾报道，1985年8月12日，一家日本航空公司的波音747宽体客机从东京起飞后在长野县境内坠毁，机上共载有524名乘客和机组人员，仅4人生还。这是航空史上牵扯到单一架次飞机死伤最惨重的空难事件。

（二）求旅途快捷的心理

在旅游活动中，旅游者通常认为“旅”是到达旅游目的地的条件，“游”才是目的。旅游者对时间的知觉一般都要求旅途要快、游览要慢，即“旅速”“游缓”。这是一般旅游者对旅游交通最普通、最常见的心理诉求。旅游者都希望以最快的速度到达目的地，尽量缩短在交通工具上的时间以增加游览时间。现代航空业、高速公路和高速铁路的发展正是适应旅游者的这一心理需求。

（三）求交通工具准时准点的心理

旅游者在出行过程中，很多活动安排是严格按照旅行计划进行的，如果一个活动环节出现推延，接下来的环节就会因此跟着延迟和改变。例如，一位到云南旅游的上海旅游者，由于航班延误、飞机晚点等，到达云南的时间因此而改变。可想而知，这位旅游者接下来的活动计划也将跟着改变。这种现象严重地影响了旅游者的行程安排，使旅游者产生一种烦躁感，继而发展成不安、不满、反感、恼怒的情绪体验，甚至达到无法容忍的地步。这些都会严重影响旅游者的旅游体验。因此，旅游者对旅游交通服务普遍具有“准时可靠”的心理需求，这种需求是旅游者制订旅游活动计划、保证正常的旅行生活的基本需要。

（四）求交通工具方便舒适的心理

一般来说，旅游者对旅游时间的知觉最敏感。一般旅游者在旅游目的地游玩，他的行程安排往往是事先做好计划的，旅游者一天之中可能在几个景区之间奔波，如果旅游者在景点之间移动需要换乘几次城市公交才能到达，这样就势必增加旅游者在旅途中的时间而减少旅游者在景点游玩的时间，同时还会造成旅游者的疲劳。所以，很多旅游者在陌生旅游城市或景区为了赶路会选择乘坐出租车。这就说明，方便是旅游者对旅游交通的一种重要需求。

在这一方面上，美国泛美航空公司的“一条龙”服务就能体现满足旅游者求方便的心理，该公司向旅游者提供机场—旅馆“一条龙”服务，即帮助旅游者在机场交付行李、办理登记手续、取得登机牌和行李牌。这样旅游者既可避免搬运行李的辛苦，又可减少候机的时间。

旅游作为一种娱乐活动，投入的是时间和财力，产出的是精神上多层次、多方位的享受。它所产生的价值在很大程度上取决于舒适和快乐的感受。这种感受不仅限于游览景区，而且贯穿旅游活动的全过程，其中就包括旅游者对旅游交通舒适的需求得到满足。城市旅游交通服务不仅要为旅游者提供“行”的方便，而且要为旅游者提供“行”的舒适（见图6-5）。在旅行中，旅游者都希望交通设施卫生条件良好，这直接影响了旅游者各种感官的舒适程度。我国的高铁和公路客运设施等有关设计日益现代化和人性化，能够让旅游者在旅途中感受到舒适。目前，我国各大机场不仅有现代化的航空设备，而且在机场设有银行、电话、商店、出租车站、酒店、餐厅、贵宾休息室等，让旅游者有方便、舒适的体验。

图6-5　舒适的交通工具

链接

拓展学习

【拓展阅读】

1.本地生活观察之出行篇：特色的交通给了我们更多观察旅游的视角

2.说走就走的旅行，交通工具如何选择

（五）求经济实惠的心理

旅游是一种超出生存需求且较高消费的行为。旅游者选择哪种旅游交通方式出行在很大程度上取决于旅游交通的经济成本，即交通费用。旅游者在选择旅游方式和旅游目的地的时候都会考虑到经济的因素。旅游者在出行过程中会关注和比对旅游交通方式的价格，会选择性价比高的旅游交通工具。

（六）求自主选择性的心理

旅游是人们生活水平提高后的一种高层次的精神消费需求。因此，在如今崇尚个性化的时代，旅游者对旅游目的地选择、旅程规划、旅游交通方式选择等方面，往往比平时的生活出行要求具有更大的灵活性和自主选择性。特别是对于那些高收入、消费能力较强、旅游目的层次较高的高端个性化旅游者来说，对旅游出行方式灵活性与自主性的要求更强烈，并且对于旅游交通工具的选择更注重人性化的服务设施和服务态度。

心遐想

以学习小组为单位，讨论、归纳不同交通方式（如火车、汽车、飞机、游轮等）的优缺点和发展状况。每个小组选择一种类型进行讨论，学习成果以PPT或角色扮演等形式在课堂上展示，时间控制在10分钟左右。

二、完善旅游交通服务的措施

（一）加强旅游交通工具的现代化设施建设

旅游交通近年来得到了长足的发展，为了满足旅游者对交通服务的众多需求，各级政府对旅游交通的投入日益增加，并且不断提高旅游交通硬件条件。一是为旅游者构建更加便捷、高效的“快进”交通网络，为旅游者节省时间成本。依托高铁、城际铁路、民航、高等级公路等“快进”交通网络，力争实现一种及以上“快进”交通方式通达4A级景区，两种及以上通达5A级景区。二是为旅游者构建更加舒适的“慢游”交通网络，充分满足旅游者的旅游体验需求。因地制宜建设旅游风景道，支持红色旅游公路建设，支持通往少数民族特色村寨、风情小镇等旅游景点的乡村旅游公路建设。建设集“食、住、行、游、购、娱”于一体的“慢游”交通网络。

（二）强化安全宣传和安全管理，确保旅游者旅途安全

安全是保障旅游顺利进行的首要条件，旅游安全管理是旅游业健康发展必须解决的重中之重的问题。因此，有关部门应该建立相关的旅游安全管理体系，加大宣传教育力度，建立安全预警系统、安全自控与互控系统以及安全救援系统，以确保旅游的安全性。为了保证旅游者的安全，首先，旅游交通部门在旅行开始前必须对交通工具进行认真检查，同时应选择技术水平良好、经验丰富、责任心强的人员，对司乘人员进行安全方面的教育，尽量避免技术事故的发生。其次，旅游者自身的行为也会给自己的人身安全、财产安全等造成影响，因此应增强旅游者自身安全的保护意

链接

拓展学习

【拓展阅读】
迎接大众旅游时代，促进旅游与交通深度融合

识，如果旅游者发现相关违规操作的情况应及时举报和制止，从而减少交通事故的发生率。最后，旅游者应该不断提高自身的素质，文明旅游、安全旅游，以获得良好的旅游体验。在游览过程中，旅游者应该自觉遵守相关的规章制度，听从管理人员的指挥，提高自己的心理素质，从容、冷静地处理突发问题，以维护自身的安全。旅游交通部门可以通过多渠道对旅游者加强交通安全的宣传和教育，丰富旅游者旅行安全常识。

（三）进一步完善“一条龙”服务体系，协同推进旅游交通大数据应用，优化交通环境

“一条龙”服务体系是在旅游者联合运输组织的基础上延伸和发展起来的，旅游者联合运输组织运用两种以上的运输方式，实现旅游者从起运站到目的地的联合运输，它具有统一客票、一次购票、一票到底的特点，使旅游者在中转地能及时换乘，简化手续。

“一条龙”服务体系是单一化服务向多元化的发展。有的旅游者联合运输涉及运输部门、市内交通部门及其他旅游相关服务部门，内容包括沿途食宿、交通接送景点、游览、导游服务等项目，不仅免除了旅游者的后顾之忧，还能提供相对优惠的价格。

“一条龙”服务还具有全程联网的特点，其中任何一个环节出现问题，都会引起一系列的连锁反应，影响旅游者的正常活动。所以，“一条龙 " 服务要求在接待服务和交通工具等方面进行科学的安排、周密的计划，将食、住、行、游、购、娱等环节有机地衔接起来，在旅游者从出发到结束的全过程中，在民航、铁路、车船、饭店、景区景点等部门之间做好大量的组织联络和协调工作，努力把突发性事件给旅游活动造成的影响降到最低。特别是在“黄金周”、小长假等重大节假日期间，要全面提升旅游运输服务质量，可以开通至主要景区景点的旅游专线或旅游直通车以及定制旅游线路。另外，还可以推进运力闲置的客运班车向旅游包车转型。完善省内客运联网售票系统，设立跨省区联网售票平台，提高联网、联程、异地和往返票务服务水平，推广设立异地城市候机楼。建立交通、旅游数据共享机制，促进交通旅游大数据应用。

粤西各城市正不断加快基础设施和公共服务体系建设，打造方便、快捷的旅游交通环境，在高铁站建立无缝换乘的旅游立体交通体系，提供咨询、交通、住宿、导游、门票“一条龙”服务。

（四）提高旅游交通服务质量，尊重旅游者的个性化需求

提高旅游交通服务质量就是用尽一切服务手段，用心服务好每一位乘客，给旅游者创造一个温馨、舒适、安全的旅程环境。

近年来，旅游交通的硬件设施不断得到改善，旅游服务人员的素质和专业水平也应相应地提高。一是提高服务人员的服务质量，二是强化服务人员的服务意识，三是服务人员应具备良好的职业心理素质。服务人员必须具备过硬的知识和技能，以及高尚的情感品质和敏锐的观察力。过硬的知识和技能是为确保旅游者生命财产的安全，因此必须加强对服务人员的安全教育，强化安全意识，提高安全操作技能，对交通工具基础设施进行严格的维护与检查，加强安检。 旅游交通服务人员要真心实意地关怀旅游者，服务时有浓厚的人情味；要主动察觉旅游者的需要，并及时提供体贴入微的服务。正所谓想旅游者之所想，急旅游者之所急，服务人员需要机敏和果断地判断、分析处理各种事件，使服务更有针对性，让旅游者在旅途中时时刻刻都感受到贴心服务。

第五节 旅游购物心理

心遐想

你在旅游途中有购物的习惯吗？关于旅游购物有哪些心理需求？

归心似箭，满载而归，这是旅游者在离开旅游目的地返程时的共同心理。旅游者都希望能在旅游目的地购买到当地有纪念价值的旅游商品带回家，除了馈赠亲友外，还能偶尔唤起对旅游经历的美好回忆。

一、旅游者在购物时的一般心理

（一）求有纪念价值

旅游者对异地具有民族特色、地方特色、审美价值和纪念价值的旅游商品兴趣浓厚，并购买它们作为礼物带回家送给亲友或留作旅游纪念以加深对旅游经历的感受。例如，到无锡就要购买泥人阿福，到宜兴就要购买紫砂壶等（见图6-6）。

图6-6 宜兴紫砂壶

（二）求新异、奇特

随着生活水平的提高，如今很多旅游者好奇心逐渐增强，喜欢标新立异，追求自我价值。时尚、新颖、独特的商品能满足他们追新猎奇和追求个性的心理。这类旅游者可能不会很重视商品的实用性和价格高低，而是更多地关注商品的造型、色彩、式样、外观等。他们对广告宣传和社会潮流很敏感，易受情绪的支配。

（三）求实用

这种心理的特点是注重实用、实惠。具有这种心理的旅游者注重商品的使用价值和质量，价格上要经济实惠。他们在购物时仔细慎重、精打细算，不易受外型、包装、商标和广告宣传的影响。以上这些常见的旅游购物心理往往是相互交织的，旅游者在购物中往往希望旅游商品能带给他们多方面的满足。

（四）求珍藏、馈赠

中国人崇尚礼尚往来，所以旅游者还会购买旅游商品赠送给亲朋好友。为留作纪念，很多旅游者都希望把在旅游点买的纪念品，以及在旅行中拍的照片、视频等保存起来，留待日后据此回忆难忘的旅行生活。

（五）求尊重

旅游者在商场购物希望售货员满足他们的自尊心理需要。这种要求表现在很多方面，如希望售货员能热情主动回答他们的提问；希望售货员让他们任意挑选商品，不怕麻烦；希望售货员有礼貌，尊重他们的爱好、习俗、生活习惯等。

（六）求知

旅游者在购买工艺品、字画、雕刻玉器时，都希望获得有关的知识，因此希望售货员、导游能介绍一些有关的情况。例如，某种工艺品的特色、制作过程，字画的年代、作者、轶事，以及如何鉴别玉器的优劣等知识。旅游者对当场挥毫的字画购买欲望特别强烈，他们在参观完泥人工厂、玉器雕刻厂，对某种工艺品的生产过程有所了解后，一般都希望购买这种工艺品作为纪念。

二、不同类型旅游者购物行为分析

旅游者购物的心理具有个体差异，如国别的差异、民族的差异、个性的差异、年龄的差异、性别的差异、经济收入的差异、社会地位的差异，以及信仰、职业、文化程度的差异，等等。由于这些差异，使他们在购物过程中均有不同的心理表现，他们对购买对象的注意和兴趣、情绪的表达方式、思维活动的特点都不可能一样。

（一）青年旅游者的购物行为

青年旅游者是旅游市场上最活跃的一部分消费者群体，对事物有很强的敏感性，对新鲜事物有强烈的好奇心，追求明显的消费个性，以独特的方式来显示自己的成熟和与众不同。同时，他们也追赶时尚与消费风潮。另外，青年旅游者在购物决策中带有较强的冲动性，容易受环境因素的影响。这是因为青年人有时容易受情绪性购买动机的支配，常常是“头脑一热，买下再说”。

（二）老年旅游者的购物行为

老年旅游者极少发生冲动性购买行为，在旅游商品的需求上，他们把旅游商品的实用性作为购买商品的第一目的。他们强调经济实用，舒适安全，质量可靠，使用方便，至于商品的款式、颜色、包装装潢等是放在第二位考虑的。

（三）女性旅游者的购物行为

女性旅游者的购买行为具有较强的主动性（而男性的购买行为常常是被动的，如受他人之托等）。另外，女性的心理特征之一就是感情丰富，心境变化快，富于联想，因而她们的购买行为带有强烈的感情色彩。

（四）知识分子旅游者的购物行为

知识分子旅游者对文化气息较浓的旅游商品较感兴趣，尤其注重旅游商品的艺术性和保存价值。知识分子旅游者在购买旅游商品时的自主性较强，大多愿意自己挑选所喜欢的商品，对于服务人员的介绍和推荐抱有一定的戒备心理，对于广告一类的宣传也有很强的评价能力。另外，他们在购买行为中表现出较高的理智，受社会流行和时尚等因素的影响较小。

（五）高收入的白领阶层

由于这一类消费者群体的工作环境中现代气息很浓，因此他们在购买旅游商品时，追求商品的高档化，对名牌商品和名贵商品比较感兴趣。由于他们的收入水平较高，购买力较强，新风格、新样式的旅游商品容易在他们中推广。

心遐想

以学习小组为单位，讨论、归纳不同类型旅游者（以旅游目的分类、以性别分类、以年龄分类、以职业分类）的购物心理。每个小组选择一种分类形式进行讨论，学习成果以PPT或角色扮演等形式在课堂上展示，时间控制在10分钟左右。

三、旅游商品销售服务技巧

（一）善于观察旅游者，做好销售准备

在旅游者尚未接近时，销售人员应当注意自己的仪态，不要靠在柜台、柱子上，不要与同事闲谈或漫不经心地左顾右盼，更不能做自己的私事。要站在可以看见自己负责出售的全部商品的地方，做些整理商品的工作，用眼睛的余光注视周围旅游者的举动，等待时机接触旅游者，努力给旅游者留下良好的第一印象。

（二）适时接触旅游者，亲切迎宾

（1）留意旅游者的购买信号，并根据旅游者的购买信号提供相应的服务。例如，当旅游者长时间地凝视某一商品的时候；旅游者突然止步盯着某种商品的时候；旅游者用手触摸某种商品的时候；旅游者到处看，像是寻找什么的时候；旅游者与售货员视线相碰的时候。遇到这样的时机，售货员应当微笑着一边打招呼道“您好”“欢迎光临”“我能帮你做些什么”，一边走近旅游者。

（2）接触旅游者时的语言艺术。接触旅游者时不要说“你要什么”或“你买什么”，

而应当说“您想看看什么”“我帮您拿吧”。这里的“买”或“要”与“看”虽然是一字之差，但大有文章。这样，旅游者会感到亲切，这一技巧对各种旅游者都适用。

同时，接触旅游者时要注意微笑并点头致意。微笑要注意“三自”，即自然大方、发自内心、出于自愿。

链接

拓展学习

【拓展阅读】

1.细节决定成败，服务感动顾客

2.销售服务八部曲

（三）了解旅游者需求，展示介绍商品

成功的产品介绍技巧，能让顾客认识到他的需求，同时认同销售人员提供的产品或服务能解决他的问题或满足他的需求。介绍商品时可以采用FAB介绍法：F（feature——产品本身的特性）、A（advantage——产品特性所引出的优点）、B（benefit——产品能给顾客带来的好处）。

售货员向旅游者展示商品，是为了使旅游者进一步用多种感官了解商品。因为旅游者在接触商品前只是用眼睛看，而在接触商品后，可以用手触摸（旅游者买衣料、服装时，注重手感）、用鼻闻（买化妆品、香水时，注重嗅觉）、用耳朵听（买音响设备时，注重听觉）。这样，旅游者对商品的联想有所加强，容易引起其购买欲望，产生对商品质量的信任，加快成交速度。

一般商品在展示时，应注意以下问题：

（1）做成使用状态给旅游者看。

（2）尽量让旅游者触摸商品。除无外包装的食品类商品外，其他种类的商品都应尽量让旅游者能直接触摸，以刺激其购买欲望。例如，日本的一些茶叶、小吃食品商店，让旅游者先品尝后购买；广州一些百货商店、超级商场让旅游者品尝酒品、凉果等；一些商店出售化妆品时，提供试用品让旅游者现场试用。这样做都是为了有利于引起旅游者的购买欲望。

（3）充分揭示商品的特性。要将商品的重要部位、优点和特点展示出来，要将商品的正面或贴商标的一面朝向旅游者，这样做既可让旅游者看清商品的概貌和特点，也是对旅游者的尊重。

（4）多种类展示，任其挑选。在展示商品时，要注意以双手将商品送到旅游者手中或旅游者面前，而不能“抛”或“扔”，后者是对旅游者非常不尊重的表现。给旅游者多种选择的机会，是为了满足旅游者比较研究后才决定购买的心理需求，是提高旅游者满足程度不可忽视的问题。旅游者提出要求多拿几种或同类商品多拿几个进行挑选时，售货员应尽量满足，表现得耐心、不厌其烦（见图6-7）。

图6-7 旅游商品展示

（四）处理异议，促进信任

现代销售学认为，对商品有异议的才是买货人，所有的销售都是从拒绝开始的。所以，从心理上不要害怕顾客有疑问或异议，应该把它当作成交机会。旅游者对旅游商品本身的疑虑主要体现在是否保真、质量是否过关以及售后问题上。旅游商品通常以其独特的地方性特色吸引旅游者，但正是这种独特性，造成旅游者购物经验中的空白点，使他们对目的地旅游商品的真伪、质量疑虑重重。旅游者来自外地，对目的地旅游商品基本没有了解或者了解不多，无法辨别好坏真伪，即使商家和导游给他们很多信息，也难免有挥之不去的疑云。至于售后问题，一些商品虽有售后服务许诺，但由于客源地到目的地通常很远，空间障碍限制太大，售后能否兑现，旅游者自然不敢相信。销售的过程本来就是“异议—同意—交易”的循环过程，每一次交易都是一次“同意”的达成。解决异议不仅是与顾客建立良好关系的绝佳机会，而且经常能够创造新的销售机会。销售人员在解决异议时要清楚，旅游者的异议并不是针对个人的，因此一定要放平心态。当旅游者对商品有异议时，一定要尽可能详尽地介绍商品，多品类展示，任其挑选，从而促进信任。

（五）赞美顾客，促成购买

当旅游者对某样商品有意向购买的时候，应尽可能让旅游者试用商品，这时候赞美顾客是拉近顾客与销售人员距离的好方法，有时候销售人员的一句话就能让客户下定决心购买，这就是赞美的力量（见图6-8）。没有人不喜欢赞美，但赞美不是虚假的夸奖，而是将对方身上确实存在的优点强调出来给对方听。心理学研究发现，在现实生活中每个人都渴望得到别人的欣赏，每个人都喜欢听到赞美的话语，这足以让人们感到自身的价值，获得心理的满足感和优越感。例如当旅游者从试衣间出来站到镜子前，要注意观察顾客的表情、动作，做出及时的赞美。同时，你的赞美一定要真诚、具体，是发自内心的赞美，而不是用一句“好看”敷衍了事。当然，销售人员不能为了赞美而赞美，说些虚伪的话，赞美必须真诚，必须发自内心。夸张的赞美会使人产生被愚弄的感觉，效果适得其反，而委婉、贴切、得体的赞美则让人回味无穷，起到良好的效果。

图6-8 赞美的力量

（六）附加销售，“美程”服务

所谓附加销售，就是在顾客原有需要的基础上向其介绍一些附带的商品，又称“一推多”，是要满足顾客额外的需求，提供更多的服务，同时提升销售的客单价。需要注意的是，附加销售不要只停留在某一个环节

链接

拓展学习

【拓展阅读】
试探成交的黄金法则
——附加销售

上，应在日常销售中做个有心人，善于发现更多的时机，创造更多的附加销售机会。例如，一些女性顾客在逛商场的时候并没有明显的购物目的，但是如果你和她多聊一会儿，她们的其他需求可能就会“呼之欲出”。即使她这次不买，当她需要类似产品的时候，可能也会首先想到你推荐的品牌。如果你把适合她的产品介绍给她，让她得到了优惠，那么你就增加了一位忠实客户，同时还提高了你的销售业绩。最后的“美程”服务，就是在顾客确定成交进行付款的时候，要做好售后服务的介绍、与收银员妥善交接、提醒旅游者保管好购物小票、建立客户档案、礼貌送别旅游者等工作。

链接

在线案例

附加销售的有趣案例

心遐想

请你根据你所在城市的特产，推荐一些符合旅游者购物心理的旅游商品。

第六节　旅游娱乐心理

心遐想

以学习小组为单位，讨论在旅游过程中希望导游安排哪种类型的娱乐活动（文学、艺术、娱乐、音乐、体育等）？具体形式可以有哪些？每个小组以PPT形式在课堂上进行交流，时间控制在10分钟左右。

某旅行团4月份赴云南旅游，参加了傣族的泼水节体验活动，时长为15分钟。活动中，旅游者们普遍感觉非常过瘾（见图6-9）。但活动结束后，旅游者们又觉得其实没啥意思。有人说：“就这么玩玩水，哪里不能玩啊？”

图6-9　泼水节体验活动

（1）在此案例中，旅游者活动中和活动后体验感产生落差的原因可能是什么？

（2）站在旅游者角度，你认为旅游娱乐方面的需求有哪些？

（3）站在导游和旅游线路设计者的角度，你认为旅游娱乐的安排需要注意什么？

全球经济的发展，尤其是科技的高速发展、生产力的不断提高，促使旅游需求和旅游供给出现重大发展，而作为旅游要素之一的旅游娱乐，更显现出高速发展的态势，不仅使旅游业结构更趋合理，带来更高的效益，而且为各国旅游者带来更多的交流机会和内容，形成了一种独特的文化现象。

旅游娱乐是指旅游者在旅游活动中所观赏和参与的文娱活动，是构成旅游活动的六大基本要素（食、住、行、游、购、娱）之一。它指的只是一次旅游活动中的一种旅游行为，其旅游活动并不一定以娱乐为主要动机，而是旅游活动过程中穿插的一种文娱活动项目。

游、娱是旅游者的目的性需求，而食、住、行、购则是为达到目的所必备的日常生活性质的需求。旅游者的需求是变化的，“求乐”正在变成旅游动机的主流。

一、旅游娱乐的特征

旅游娱乐活动的对象是旅游者，与大众化群众性文化娱乐活动相比，具有以下几个特征：

（一）文化性

随着人们对美好生活的不断追求，纯粹的观光型旅游已逐渐不能满足旅游者对高质量旅游产品的需求。在文旅融合背景下，旅游产品将创意与文化内涵摆到了十分重要的地位，以此降低旅游的同质化、雷同化现象。例如，江苏宿迁项王故里的舞蹈表演——“楚服秀”等节目，就是融入了当地民族文化要素，体现了旅游娱乐的文化性。

（二）主题性

旅游娱乐的主题性，体现在对某项专题或某一目的地进行深入的了解与体验，如亲子、游艇、自驾车、徒步、摄影、漂流、美食、滑雪等主题旅游。这类旅游是针对旅游者的不同身份、不同需求以及不同的心理而制定的旅游路线。例如，现在许多传统的观光型旅游已经打造成了观光度假型旅游，就是把旅游的主题定位在“度假”上，所有的内容都围绕度假的放松目的而展开。

（三）参与性

近年来，旅游者对旅游过程的追求已逐渐从观赏和获得扩大到体验和参与，特别是亲子游的路线中，旅游者会更加注重与孩子一起参与到各种活动之中。旅游娱乐的参与性，是指旅游者亲身参与当地的特色活动，感受当地人的生活方式，或体验某些特产的制作过程。例如，在孟庙及孟府景区开展的面塑制作、中国结编染、手工粘贴画等体验课堂，还有“礼仪之邦”“六艺养生拳”“五行锦”等体验项目；山东威海荣成爱伦湾海洋牧场、桑沟湾海洋牧场推出的“海上采摘”项目；乡村旅游点推出的既能玩又能品尝的采摘活动，让旅游者体验“吃农家饭、住农家屋、学农家活、享农家乐”。

（四）科技性

旅游娱乐的科技性是指以游览科技景观、追求科技知识为旅游目的，以现代先进的科技工程、机器人、自动化生产线以及各种专业技术从创新到生产的流程为旅游对象，以具有科学研究价值的水文、植被和地质景观等为旅游场所。例如，上海某机构曾经组织了“桂林岩洞科学考察旅游”，就体现了旅游的科技性，但这属于比较专门的科技性旅游。在一般的旅游过程中，可能会安排博物馆或科技馆的参观活动，以体现旅游娱乐的科技性特征。

二、旅游者对旅游娱乐服务的心理需求

旅游娱乐与日常的娱乐活动不同，它是穿插在旅游过程中的，目的是促进旅游的体验。因此，旅游者对旅游中的娱乐安排有着特殊的心理需求。

（一）追求个性化

传统的旅游团受人数的限制以及路线的预先设定因素，无法同时满足同一个旅游团内所有旅游者的需求。近年来，越来越多旅游者不再局限于传统热门景点，而是更多地选择感兴趣、适合自身的游玩地点。自助游、订制游、“互联网+”旅游的产生与风靡便是旅游者追求个性化的产物。

现代人认为，旅游就是以时间、金钱换取一段经历。在旅游团内，服从安排接受自己不喜欢的行程活动，会影响整个旅游过程的心情。因此，个性化的追求成为旅游者的重要心理需求。

（二）追求情感化

“让心灵去旅行”是很多旅游者的追求。菲利普·科特勒把顾客的消费行为分为3个阶段，即量的满足、质的满足和感性的满足。随着经济的发展、社会的进步和旅游者需求层次的提高，旅游者对旅游的需求逐渐上升到情感的满足阶段。在这个阶段，一个显著的特点是人们看重的不是数量和质量，而是能否获得一种感情上的满足，能否通过旅游打动自己心中最柔软的地方，产生诸如感动之类的情感体验。

传统的旅游，有的过于“速食化”，太讲求娱乐效果，不但无法舒缓压力，还增加精神及体力上的负担。旅游者对于旅游娱乐活动的向往不是简单的消遣，而是希望通过一些特定的活动在旅途中产生积极的情感，获得认同感、满足感。

链接

拓展学习

【拓展阅读】
1.旅游娱乐服务的范围
2.旅游行业开启IP之争，阿里旅行拟打造旅游IP的产销平台
3.我们为什么旅行
4.旅游者心声

（三）追求审美化

追求审美化是指旅游者在旅游过程中向往和追求美的目的。审美心理个性和每个人的个性生命一样，也是无限丰富多样的。例如，有人喜欢历史人文景观，有人喜欢民俗文化景观；有人喜爱欣赏旅游目的地的地方戏曲，有人则对旅游目的地的原生态民歌情有独钟；有人对险峻、雄浑的自然景观表示惊奇和赞叹，有人则对秀丽、柔媚的自然风光有着浓厚的兴趣。个体的审美心理呈现丰富性和多样性。但是，旅游娱乐中旅游者追求的肯定还是美的享受，这是人们选择旅游的最初目的之一。因此，为旅游者提供能够引起美好视听感受、味觉感受、内心感受等的娱乐活动，应该是旅游服务的出发点。

（四）追求体验化

旅游者不再满足于走马观花式的游览，而是想要参与到当地的生活方式中，深入体验一种不同的生活节奏。因此，独特的、深入的参与性旅游逐渐成为旅游者所喜爱的方式。他们认为，只有在亲身参与之后，才能更直观地获得认知之外的深刻情绪体验，才能引起心灵的激荡，才能于旅游过后在心灵上长久地“留下点东西”。

旅游者追求体验化的旅游，是想要获得一种异于其本身生活的体验。例如，城市人想要体验乡村生活，某一地域的人想要体验其他地域或年代的生活，等等。

（五）追求休闲化

随着中国中产阶层的全面崛起以及新生代消费者的逐渐成熟，其旅游需求已经从简单的观光游览，向复合的“观光+休闲”等体验更加深入、要素更加多元的休闲旅游发展。

在休闲的相关定义方面，国内外学者一般从时间、社会、心态这 3 个角度定义，即休闲是从劳动和工作时间中解放出来，在尽到职业、家庭等社会职责后，一种自由的、不受压抑的、放松心情的行为。因此，旅游者追求休闲化，是既包含了闲暇的“时间”因素，又包含了游历放松的“心态”因素，即希望旅游娱乐可以给他们相对宽松的时间安排，同时能够让他们感受到放松的状态。例如，度假游就满足了旅游者对休闲化生活的追求。

三、旅游娱乐服务的关注点

（一）准确把握旅游者的动机

旅游娱乐服务，首先要站在旅游者的立场考虑问题，密切关注旅游者的需求，向旅游者提供他们真正满意的娱乐活动和服务。旅游者对于符合心意、满足其实际需求的服务会产生积极的情绪和情感。这种情绪和情感的积极或消极直接影响了整个旅游服务过程的成败。

每个旅游者都有对旅游娱乐的独特期待。旅游娱乐服务在开始时就要调查了解旅游者的想法。例如，有些旅游服务企业会提前进行问询，或者

链接

拓展学习

【拓展阅读】

饭店为什么设置娱乐设施

提供多种娱乐方案供旅游者选择，以此了解旅游者的旅游娱乐动机，做到有针对性地进行活动安排。

（二）深入挖掘当地文化特色

当地文化特色又称民俗文化，它的表现形式多样，文化底蕴丰富，地方特色浓厚，民族特征鲜明，是民族精神的延续和历史文化发展的结晶。民俗文化作为重要的旅游资源，能够使旅游者开阔眼界、增长知识。

旅游娱乐服务需要深入挖掘当地的文化特色，不断丰富民俗文化旅游形式和内涵，重视民俗文化旅游互动，让旅游者眼有所看、耳有所闻、脑有所思、心有所得。在此过程中，尤其重要的是，要将对当地文化特色的介绍贯穿旅游娱乐活动始终，让旅游者不仅停留在活动本身，而且通过活动获得深层次的体验（见图6-10）。

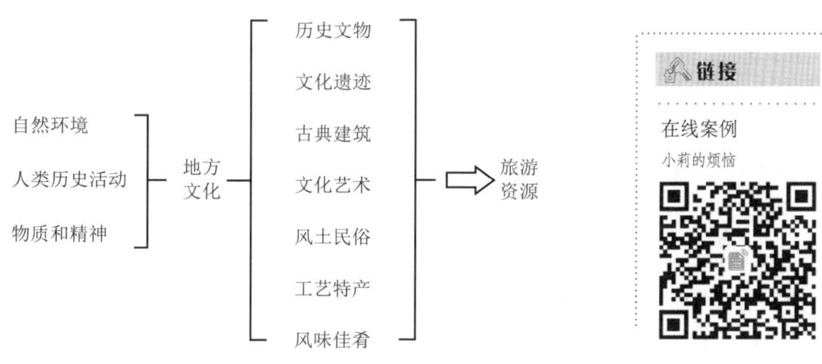

图6-10　深入挖掘地方文化特色

（三）加深旅游者的参与体验

以体验为基础，从打动心中最柔软的部分开始。与商品销售强调“交易”不同，旅游娱乐服务强调的是让旅游者与旅游过程产生“心灵和思想的接触”。

一方面，旅游娱乐服务在与旅游者的互动中所创造的情感化举措往往具有一种“润物细无声”的意境，悄无声息地打动旅游者。所以，旅游娱乐服务人员在日常经营和服务中要“想顾客所想、急顾客所急”，实施人性化的服务制度，才能让顾客真正感动。在服务过程中倾注情感，对待客户真心、诚心、细心，通过具体的行动，传递对旅游者的爱心，让每位旅游者都切实感受到服务者的真情。

另一方面，在旅游娱乐活动开展中，要让旅游者参与其中，从活动内容的选择、形式的设计到活动的开展，都要充分调动旅游者的积极主动性与亲身参与性。这样，旅游者才会提升对活动的认同感，获得旅游过程的深刻体验。

（四）合理安排旅游娱乐的时机

旅游中的娱乐活动是穿插在行程之中的，何时安排娱乐活动，是旅游娱乐服务人员需要妥善思考的重要问题。一般来说，如果是散客组团，在启程途中可以安排一些简单的互动环节，提高旅游者对导游的认可度；在行程前半段安排相对深入的体验活动，因为此时旅游者有较多的精力与体力，且兴奋度比较高；在行程后半段安排相对休闲些的活动，这主要考虑到旅游者的精力因素。当然，在行程中，服务人员要根据旅游者的实际需求，及时调整娱乐活动的安排时间。

一、问答

（1）前厅服务的心理策略有哪些？

（2）餐厅服务的心理策略有哪些？

（3）客房服务的心理策略有哪些？

（4）完善旅游交通服务可以从哪些地方着手？

（5）请分析不同类型旅游者购物行为的特点。

（6）旅游娱乐服务中，如何应对旅游者的各种心理需求？

（7）某五星级酒店入住了一位中东客人，他从入住的第一天起，就在房间里摆了一块朝拜用的方毯。服务员小王在清洁房间的时候，把朝拜毯挪动了方向和位置。客人晚上回来之后，发现这种情况非常生气，当晚就投诉了服务员。请问，客房服务员小王触犯了哪条对客服务心理？

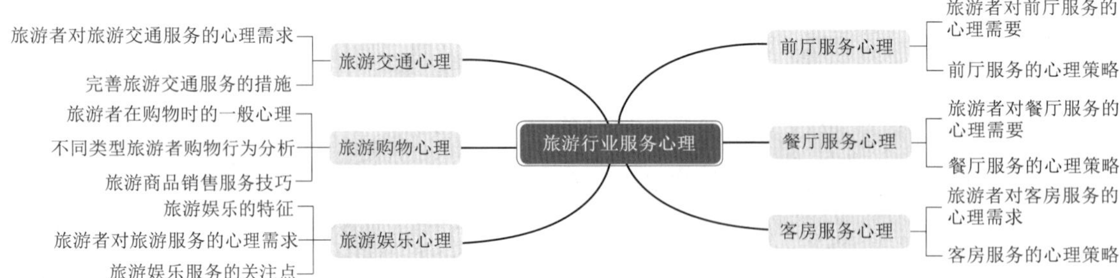

心笔记

第七章　旅游管理心理

心之语

你可以买到一个人的时间，你可以雇一个人到固定的工作岗位，你可以买到按时或按日计算的技术操作，但你买不到热情，你买不到创造性，你买不到全身心的投入，你不得不设法争取这些。

——弗朗西斯

心起航

旅游业作为朝阳产业发展迅速，已经成为促进经济增长、扩大就业渠道的重要服务业之一。随着《中华人民共和国旅游法》的修订，旅游企业的管理愈发规范。企业管理归根到底是对人的管理，而管理的真谛在于不管理，即“无剑胜有剑”。

心目标

（1）了解旅游企业管理中的领导心理、员工积极性的激励和团体心理。

（2）在充分了解旅游企业管理中的领导、员工和团体心理的基础上，争做勤奋先进优秀员工，并为将来成为企业管理者做必要的准备。

第一节　旅游企业领导心理

链接

拓展学习

【拓展阅读】
老王到底应该怎么办?

管理学界有句名言：一只狼领导的一群羊能打败一只羊领导的一群狼。这句话说明了领导者的重要性，同时隐含着团队的力量。

一、领导者的影响力

所谓领导者的影响力，就是指一个领导在与下属交往中所表现出来的影响和改变其心理状态和行为的能力（见图7-1）。

图7-1　领导者的影响力

“五威”领导者的影响力

（1）“行威”。领导者精通本行业有关业务，是行家里手，则能获得行业威信。

（2）“法威”。领导者能够科学督导、公正处事、奖惩分明，则可取得“法威”。

（3）“德威”。领导者为政廉洁、克己宽人、争过让功，则能获得“德威”。

（4）“理威”。领导者知人善任，作风民主，以理理事，助人发展，则可获得“理威”。

（5）“情威”。领导者对下级“相敬如宾、相待如友、关怀如亲子”，则可取得“情威”。

具有了这“五威”，领导者的影响力必然大幅度提高，为其事业成功奠定基础。

二、领导者的心理品质

作为一个领导者具备的心理素质要比一般的员工要求更高，领导者只有具备好的心理素质，才能应对各方面的挑战，带领员工面对挑战，走向成功。

心遐想

领导者应该具备什么样的心理素质呢？

（一）有控制情绪的能力

遇到不同的事情，每个人都会有情绪反应，但是领导者在具备稳定、正常的情绪的同时，一定要有控制情绪的能力，不能喜怒形于色，或者情绪常常不稳定。

（二）意志力要坚强

在日常生活工作中，总会遇到不顺利的时候，总会遇到困难的时候，因此领导者必须有战胜困难、不怕挫折的意志。

（三）胸襟要开阔

作为领导者来说，开阔的胸襟是非常重要的心理素质，要容得下不同意见的人，听得了不同意见，同时能够用人所长。

（四）行为要协调

行为协调就是要心口一致，行为与语言一致，说话有条不紊，做事按部就班，有头有尾，不要口是心非，虎头蛇尾。

（五）关系要和谐

健康的心理素质需要和谐的人际关系，作为领导者要有与人和谐相处的能力，不要总是处于怀疑、矛盾之中，而是要协调好自己与上级、下属各方面的关系。

三、提高领导艺术的途径

领导艺术实质上就是艺术化的领导方法，是实施领导的一种高超技能。领导艺术是知识、智慧和才能的结晶，只有具备一定文化知识素质和修养的领导者，才会表现出一定的领导艺术。领导者运用领导艺术的过程，也是综合表现领导个人知识水平和发挥才能的过程。

（一）提高思想水平是提高领导艺术的必由之路

看领导者的素质状况要看其有什么样的品格和思想作风。一个合格的领导者必须是一个有较高的业务水平、民主的工作作风和无私的人格魅力的人。领导者要加强自身的思想作风建设，以身示范，这样才有说服力、教育力，才能更好地对下属施加影响，成为下属的学习榜样，才能引导他们树立正确的世界观、人生观、价值观，用一流人才成就一流事业。

（二）增强团队意识

对企业领导者来说，具有善于培养团队意识的能力十分重要。一个富有魅力和威望的领导者，会自然成为团队的核心与灵魂，全体成员会自觉地团结在其周围；反之，则会人心涣散，团队意识更是无从谈起。所有成功的团队，无一不是有一个领导核心。

（三）培养社会实践能力

社会实践能力不仅是对旅游企业领导者素质的基本要求，还是培养领导者创新能力的重要条件。因为人的创新能力不能仅仅依靠书本知识获得，更需要通过实践学习和获得。

（四）不断总结经验是提高领导艺术的基础

领导艺术不是人们生来就有的，而是从经验中得来的。因此，领导者要提高领导艺术水平，就要不断总结自己的经验，特别是在学习别人的领导经验时，要消化运用，以求达到一个新的艺术境界。

心遐想

现代企业怎样才能获得更多的优秀人才？

第二节　旅游企业员工积极性的激励

《世界经理人文摘》曾面向中国的职业经理人、企业家和管理专家进行了一次调查，调查的题目是“中国企业的十大管理难题”。调查结果显示，排在前三位的难题都与企业的人力资源管理有关，属于企业激励机制方面的问题。激励机制为企业管理难题之首。因此，如何建立有效的激励机制，已经成为当前困扰企业的重要问题。

一、激励概述

（一）激励的含义

“激励”一词在《辞海》中解释为“激动鼓励使振作；激发人的动机的心理过程”。在管理心理学中，激励的含义是：组织通过设计适当的外部奖酬形式和工作环境，以一定的行为规范和惩罚性措施，借助信息沟通，来激发、引导、保持和规范组织成员的行为，以有效地实现组织及其成员个人目标的系统活动。

激励要解决七大问题：一是需不需要激励，二是什么人需要激励，三是激励的内容是什么，四是激励的数量是多少，五是用什么方法来激励，六是在什么时候来激励，七是在什么地方来激励。

（二）激励的意义

“全球第一CEO”、美国当代企业家杰克·韦尔奇说：“公司的员工就像你的种子，你给他们的激励就像灌溉和浇水，他们会不断地成长。你在花园中，公司的花园里会长杂草，将它们拔掉，将绩效不好的员工赶出去。你的工作不是吓别人，而是帮助员工不断地成长，就像美丽的植物和花朵一样，能够长得非常漂亮。”

管理者要“管事理人”。事业靠人，主要是靠人的积极性，而调动人的积极性要靠激励。让人做事的最好方法就是让他心里想做，自己要做，激发起他内在的动力。美国哈佛大学的威廉·詹姆斯教授在对员工激励的研究中发现，按时计酬的分配制度仅能让员工发挥20%～30%的能力；如果受到充分的激励的话，员工的能力可以发挥出80%～90%，即一个人可以当三四个人用。而两种情况存在的巨大差别就是有效激励带来的作用。

二、激励的经典理论

（一）马斯洛的需要层次理论

马斯洛的需要层次理论阐述了人们的需求是从生理需要到自我实现需要逐层递进的。这些需要是天生的，与生俱来的，它们构成了不同的等级或水平，并成为激励和指引个体行为的力量。

马斯洛的需要层次理论指出，人在每一个时期都有一种需要占主导地位，而其他需要处于从属地位，对人的发展成长具有重要指导意义。

（二）强化理论

强化理论是过程型激励理论之一。美国新行为主义心理学家斯金纳认为，人的行为不仅取决于原因，而且取决于行为结果。当结果得到肯定时，这种行为就会出现；当结果不利时，这种行为就会减弱或者消失，这就是强化理论。管理者要采取各种强化方式，使员工的行为符合组织的目标。

根据强化的性质和目的，可以分为正强化和负强化两大类型。在管理上，正强化就是奖励那些组织上需要的行为，从而加强这种行为；负强化就是惩罚那些与组织不兼容的行为，从而削弱这种行为。

强化的具体方式有以下 4 种：

1. 正强化

正强化就是奖励那些符合组织目标的行为，以便使这些行为得以进一步的加强、重复出现。正强化的方法包括奖金、对成绩的认可、表扬、改善工作条件和人际关系、提升、安排担任挑战性的工作、给予学习和成长的机会等。

2. 惩罚

当员工出现一些不符合组织目标的行为时，采取惩罚的办法可以约束这些行为少发生或不再发生。惩罚的目的是使所不希望的行为逐渐削弱，甚至完全消失。负强化的方法包括批评、处分、降级等，有时不给予奖励或少给奖励也是一种惩罚。

3. 负强化

负强化强调的是一种事前的规避。成语“杀鸡儆猴”就形象地说明了负强化的作用。对出现了违规行为的“鸡”加以惩罚，意欲违规的“猴”会从中深刻地意识到组织规定的存在，从而加强对自己行为的约束。

4. 消退

消退就是对已出现的不符合要求的行为进行“冷处理”，达到“无为而治”的效果。在管理上，如果对员工的积极行为视而不见或不进行强化，这些行为也会逐渐消失。

三、激励的 6 种常见方式

激励的目的是追求利益的最大化和建立一个具有凝聚力的高效团队，吸引并留下优秀的人才。

（一）需要激励

在管理中要提高管理效果，就必须了解员工的各种需要并对症下药。管理者应关心员工的基本需要，首先“雪中送炭”，然后“锦上添花”，创造条件满足高层需要。此外，还要了解不同员工不同时期的优势需要，以便有针对性地调动员工的积极性。

（二）目标激励

目标激励是指通过设定一定的目标，促使员工按照目标的要求采取适当的行动。

目标设置要求如下：

（1）目标定量化。定量化是使企业目标具有可操作性、可检验性和可评估性。

（2）目标整合化。员工认同企业目标，把企业利益和员工个人利益整合起来。

（3）目标适度化。企业目标制定得不能太低或者太高，使企业目标具有一定的挑战性。

（4）目标公正化。企业目标完成情况的检查和评价要公正、公平和公开。

目标激励要注意 4 个问题：①要有一个明确而清晰的激励目标；②要逐步实施，一步一步地达到；③要及时反馈，使员工理解自己的工作态度，便于调整行为方式和行为效果；④要奖惩结合，搞好目标控制。

（三）情感激励

心理学研究表明，人们的行为很大程度上来自情感的激发。在旅游企业中有句名言：“有愉快的员工，才有愉快的客人。”如何使员工愉快？其中重要的一条就是领导者要善待员工，以情感手段激发员工提高积极性。情感激励是调动员工积极性的有效手段，情感是形成凝聚力的前提和基础。

情感激励能否具有激发效应取决于两个方面：一是给予充分的尊重和信任，使员工在感情上有一种归属感。一般认为，被管理者越是从感情上接受管理者，就越能增加向心力。尊重员工，就是要尊重员工的正当需要，并把这种需要同企业的利益结合起来；尊重员工，就是给予员工参与决策和管理的机会，如定期召开员工代表大会，欢迎他们对管理工作提出批评和建议，让员工共同参与企业目标和制度的制定。员工被信任，就能增强其责任感和事业心。二是给予生活上的关怀，使员工的感情有切实的着落。员工除了工作之外还有许多问题需要解决，如住房问题、健康问题、孩子问题等。家庭生活不稳定或重要问题没有解决，会使其情绪波动，影响工作积极性。对员工给予生活上的

链接

拓展学习

【拓展阅读】

1.员工放在第一位

2.华为公司“狼性”文化

关怀，解决他们的后顾之忧，是很好的一种感情投资。

（四）榜样激励

通过先进人物与典型事件来影响和改变人的观念和行为。先进典型能形成一种良好的、积极的、健康的企业文化氛围，从而影响人、感染人、带动人。树立典型与宣传模范人物一定要实事求是，切忌拔高，形成“高、大、全”；也不要“犹抱琵琶半遮面”，不敢充分展现，以致失去号召力、感染力。

领导者的榜样力量产生的激励效果最强。“火车跑得快，全靠车头带”，领导者首先要令行禁止，要求员工做到的，自己带头做到；禁止员工做的，自己首先不做。“喊破嗓子，不如做出样子”，领导者如果能身先士卒，率先垂范，廉洁、自律，谦虚、民主，就能鼓舞广大员工的士气，激励他们为实现企业的目标而奋斗。

（五）惩罚激励

惩罚激励是从负强化的方向来激励员工，即对某种行为采取批评、处分、降职、降薪、扣发奖金、取消休假与疗养的权利等方式来抑制员工的不良行为。在一定条件下，消极因素可转化为积极因素。惩罚使人产生内疚感，使人知错就改，从而加倍地努力工作，取得好的工作成绩以弥补过失造成的损失。

管理者在运用惩罚激励方式时，以对方能接受、严中有情、能起到教育作用为原则。必须明确的是，惩罚仅仅是一种手段，而不是目的。

（六）薪酬激励

薪酬激励是最常用、最重要的一种物质激励手段。薪酬对于员工极其重要，它不仅是员工的谋生手段，而且能满足员工的价值实现感。薪酬影响着员工的情绪、能力和积极性的发挥，极大地影响人的工作行为和工作效率。目前，我国导游队伍是一支非常年轻的队伍，80%的导游人员年龄在30岁以下，他们正处于资金原始积累的年龄段，有效的薪酬激励对他们来说既现实又必要。要建立一个科学的公正的薪酬体系，为员工提供较高的有竞争力的报酬，带来更高的满意度，使员工珍惜工作，竭尽全力。

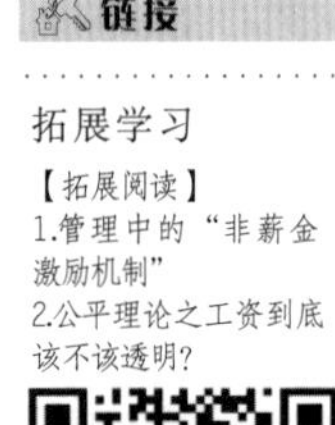

心遐想

作为管理者，你觉得员工的工资应该透明还是应该保密呢？作为员工，你希望知道每个人的收入吗？为什么？

第三节　旅游企业的团体心理

一、团体概述

团体是两个人或者两个以上的人，为了达到共同目标，彼此相互依赖和相互作用的一个集合体（见图7-2）。1994年，管理学家斯蒂芬·罗宾斯首次提出了“团队”的概念，即为了实现某一目标而由相互协作的个体所组成的正式群体。随后，团队合作的理念风靡全球。企业内部讲究部门内或部门间的团队合作，公司之间成立合资企业，组成团队共同参与竞争。现在，很多公司作为合作的一分子，发展得如鱼得水，因为合作有助于解决一些企业内普遍存在的问题，如怎样最大化地利用有限的资源。美国普渡大学技术创新和管理专业教授迈克·贝尔莱因说：“当你建立了这样的一个合作组织，得到的不仅仅是1+1>2的效果，而是乘法和平方的效应。如同杠杆原理，用组员的聪明才智和团队精神能解决意想不到的难题。”“没有任何个人能单枪匹马地带领任何组织获得成功。组织需要把人们的经验、个性、长处、知识背景等特质有效且充分地融合在一起，组织的最终产品比任何单个人能达到的最好效果要强很多倍。”美国知名胶片制造企业首席运营官麦克·恩格尔这样解释他所理解的合作组织。

图7-2　团体

二、团体的心理效应

在一个团体中，团体规范、团体压力、团体决策和团体内聚力对人们的行为产生较大的影响，称为团体心理效应。心理学家认为，人的心理活动是受规律支配的，各种心理效应就是这种规律性的体现。在企业管理工作中，细心地揣摩并有意识地顺应各种心理效应，有时会取得出乎意料的教育效果。

（一）团体力量效应

1+1+1等于多少？在数学上等于3，而在组织行为学中它是个问号。个体组成团队，它的力量不是个体相加之和，而可能是加、减、乘、除都可以。请看下面几个公式：“1+1+1=3”，即一分耕耘，一分收获。“1+1+1>3”，即事半功倍，共存共荣。“1+1+1<3”，即事倍功半，勾心斗角。个体组成团体，团体的力量会产生裂变，团体力量效应具有两重性，即团体增力作用和团体减力作用。“三个臭皮匠，赛过诸葛亮”就诠释了团体增力作用。管理就是“聚人心”。古人云，“人心齐，泰山移”“千人同心，则得千人之力；万人异心，则无一人之

用”。人心齐，即组织上下的每个成员都持有共同的目标、共同的价值观念。作为一个企业管理者，应该认识到群众是真正的英雄，看到团队的伟大力量。管理者要搞团队英雄主义，不要搞个人英雄主义。在团体中，由于责任依从原则与责任分散原则会导致团队力量的削弱，也就是“一个和尚挑水喝，两个和尚抬水喝，三个和尚没水喝”。个体组成团体，有一个从“无序”状态向“有序”状态的转变。许多个“无序”的个体凑合在一起，缺乏统一的价值观念，没有严格的规章制度，不能整合、融合，不仅毫无力量，而且会导致混乱和“窝里斗”。

心遐想

在全球化的当下，作为管理者应该怎样理解“合作的核心是人们通过共同努力完成工作”这句话？

链接

拓展学习

【拓展阅读】

怎样建设精诚合作的高效团队？

（二）他人在场效应

1. 社会促进

社会促进是指个体从事某项活动时，他人在场促进其活动完成，提高其活动效率的现象，也称社会助长。最早以科学方法揭示社会促进现象的是美国心理学家特里普利特，他发现自行车选手在有伙伴的情况下，比单独一个人时骑车速度提高了30%。研究者还指出社会促进不仅限于人，他们在老鼠、蟑螂、鹦鹉等动物身上也发现了这种效应。研究发现，当蚂蚁在一起时，每只蚂蚁的平均挖土量是单独挖时的3倍。日常生活中，我们还经常看到这样的现象，运动员比赛时，如果有很多观众为他们加油鼓劲，他们往往能顺利甚至超水平发挥，所以在比赛中东道主更容易获胜。这就是体育场上的“主场效应”。一些老教师在讲台讲课也是如此，听者越多，他讲得越起劲，思路越开阔，而且越发地兴致勃勃、神采飞扬，论述问题甚至比备课时还深刻。这些现象是“观众效应”的结果。

2. 社会惰化

社会惰化又称社会懈怠或社会逍遥，是指群体一起完成一件事情时，个人所付出的努力比单独完成时偏少的现象。林格曼最早发现了社会惰化现象，他发现人们一起拉绳子时的平均力比单独拉时的平均拉力要小。随着人数增加，每个人付出的个人努力程度会逐步下降。在研究中，他让被试者用力拉绳子并测拉力，实验包括单独、3人组和8人组3种情境。结果表明，独自拉时，人均拉力为63千克；3人一起拉时，人均拉力53千克；8人一起拉时，人均拉力只有31千克。其他研究显示，在智力任务中也会出现社会惰化。

3. 社会标准化效应

社会标准化效应是指成员在群体的共同活动中对事物的知觉和判断，以及工作的速度和效率趋于统一化的倾向。这可能是团体在共同的工作期间产生模仿、感染、暗示和遵从等心理过程，并进一步形成团体的标准而导致的。

4. 社会顾虑倾向

个体在大众面前，由于受团体规范和压力的影响，其言行一般都有些顾虑，比较拘谨，这种倾向称为社会顾虑倾向。社会顾虑倾向的行为改变有种种表现，如自我克制、局促不安、矫揉造作、装腔作势、逢场作戏、怯场等，都是这种倾向的心理效应。虽然改变行为的目的、动机、情感、态度等心理倾向不同，但都是由公众情境或他人在场引起的。社会顾虑倾向与人的个性有关，一般性格内倾、神经类型偏弱的人，社会顾虑倾向明显；性格外倾、神经类型偏强的人，社会顾虑倾向不够明显。

三、良好团体的心理原则

管理者应该努力使团体成为一个好的团体，成为一个具有较强内聚力、精诚团结、步调一致的团体。要使一个团体成为好的团体，其成员应具备以下心理条件。

（一）目标统一原则

目标统一原则是指组织中的所有部门及成员的贡献越是有利于实现组织的目标，组织的结构就越是合理。组织就是为了实现目标而创立的协作系统，建立组织是达成目标的手段。共同的目标是组织建立和存在的客观基础。只有有了明确、一致的目标，组织的各个部门和全体成员才有合作的基础，才有共同的行动方向；否则，既不可能产生合作的意向，也不可能有合作的行动。共同的目标还是完善和发展组织的客观依据。对组织的完善和发展必须以有利于共同目标的实现为依据，否则就是对组织的破坏。

（二）心理相容原则

心理相容是一个优秀团体的重要原则。心理相容是指人与人之间的相互吸引、和睦相处、相互尊重、相互信任、相互支持。若是不相容，则表现为相互排斥、相互猜疑、相互攻击、相互歧视。它是以成员彼此对共同活动的动机与价值观的一致为前提，是群体共同活动顺利进行的重要的社会心理条件。心理相容是人际交往、团体团结的心理基础，也是人际交往成功、团体目标实现的重要保证。心理相容还可以为创造性活动提供积极乐观的心理气氛，使成员保持良好的心境，有利于发挥人们的主观能动作用。

（三）智能互补原则

智能互补原则是对一个整体而言的，一个人知识和阅历是有限的，同时具备各种知识和才能的人是微乎其微的，因而在一个团体内通过智能互补，在专业、能力、品德等方面形成最佳结构，这样才有利于完成各项任务。因此，一个团体内部的智能互补状态是其正常发展的重要心理基础。

四、非正式群体

非正式群体是指人们在活动中自发形成的，未经任何权力机构承认或批准而形成的群体。非正式群体的存在是基于人们社会交往的需要。人们依照好恶感，心理相容与不相容等情感性关系，就会出现非正式群体。这种群体没有定员编制，没有固定的条文规范，因而往往不具有固定的形式。由共同利益偶然结合在一起的人们、同院的伙伴、工厂或学校中存在的一些“小集团”“小圈子”都属于非正式群体。

非正式群体这个概念最初是由美国心理学家梅耶提出的。20世纪20年代起，梅耶等人经过长达8年的实验研究（即“霍桑实验”）发现，在企业中，除了正式组织外，实际上还存在着各种形式的非正式组织。正式组织只反映了组织成员之间的职能（或职务）关系，不能表现出他们之间的相互接触、相互作用的社会关系，而这种社会关系却时时都在影响着他们的行为，从而影响着企业的生产效率。

非正式组织的领袖人物是自发产生的，但对其成员却往往比正式组织的领导人具有更大的影响力。梅耶在实验中发现，工人们在生产中自发形成了一些共同遵守的准则，如干活不能过于积极，也不能过于偷懒。这些约定俗成的准则对非正式群体中的成员具有普遍约束力。如果有人违反了这些准则，就会遭到其他人的指责、讽刺、冷淡和疏远等。在非正式群体中，起支配作用的价值标准是感情逻辑，要求每个成员都必须遵守基于成员之间共同感情而产生的行为规范。

（一）非正式群体的类型

按非正式群体的作用性质，可划分为以下几种类型：

（1）积极型的非正式群体。对组织目标、正式群体的建设及成员成长起积极作用，如技术人员自发形成的攻关小组、技术能手小组等。

（2）消极型的非正式群体。对于组织目标、正式群体的建设及成员的成长，有着消极的影响，如有的非正式群体经常聚在一起发牢骚等。

（3）中间型的非正式群体。对于组织及正式群体没有明显的积极作用或消极作用，如业余诗词协会、篮球队等。

链接

知识点

【微课视频】

正确对待非正式团体

（4）破坏型的非正式群体。对组织目标和任务及正式群体的建设有明显的破坏、干扰作用，如有些非正式群体鼓励成员怠工、破坏工具、赌博、打架等。

这里需要指出的是：

第一，非正式群体的群体作用性质不是固定不变的，可以发生转化。比如，起积极作用的非正式群体，如果引导不利，或对其采取不正确的态度，可能使其作用发生转化；起消极作用的非正式群体，经过适当的工作，也可能转为起积极作用的非正式群体。

第二，非正式群体的作用往往不是绝对积极或绝对消极。比如，有些非正式群体的作用对组织是不利的，但可能对正式群体有一定积极作用。

（二）正确对待非正式群体

针对组织中的非正式群体，如果否认、限制非正式群体的形成和发展，就会引起对立情绪；如果放任其盲目发展，就有可能扩大势力范围，与正式群体分庭抗礼，阻碍集体的正常活动和目标的实现。非正式群体对个体的影响是积极的还是消极的，主要取决于非正式群体的性质以及与正式群体的目标一致程度。因此，对于非正式群体既不能采取高压政策，又不能放任自流，要正确地引导使其发挥积极作用，避免消极作用。

1. 一分为二

非正式群体的出现有它的必然性。人是有感情的，当正式群体和组织不能完全满足个人的需要时，必然有非正式群体的出现。不能把非正式群体和我们日常所说的小集团、小圈子、小宗派等同起来，更不要和非法组织混为一谈。对非正式群体的作用要一分为二，它有消极作用，也有积极作用。关键是如何引导以及怎样处理领导与非正式群体的关系。引导得法，它将是正式团体的必要补充和支持。因此，对非正式群体不宜采取消极限制的态度。

2. 无害支持

非正式群体只要不是非法组织，不要采取取缔或限制的办法。疏导胜于防堵，防堵可能引起反抗或不满。只要不妨碍组织目标，不仅允许存在，而且一般不要伤害非正式群体的利益。总的原则是无害支持。

3. 目标结合

领导者的主要精力应放在正式团体上，但要使正式团体的利益尽量和非正式团体的利益结合起来。正式团体越能满足个人的需要，非正式团体就越少。但正式组织难以满足员工多种多样的需要，在这一方面非正式团体可以弥补。领导者可以根据群众的需要，有意识地组织各种非正式团体，如球队、集邮协会、美术小组等。

4. 为我所用

对非正式团体要加以疏导利用，使其行为符合组织规范；要团结非正式团体的领袖，发挥其作用、采纳非正式团体的合理意见、允许其参与组织建设，以便促使非正式团体改变态度。对个别不利于组织目标的非正式团体，在说服引导无效后应采取措施拆散。

小思考

（1）公司新近招聘了一批业务人员，目前分散在全国各地一线。这批业务员主要是刚毕业的大学生，可塑性较强，人力资源部如何跟踪其成长及明确绩效考核状况？

（2）某位总裁说过：“我请的只是普通人，钱给得多了自然成了精英。”其实不是没有道理，开的工资高于一般同行，优秀的人才自然都愿意向你靠拢。岗位上的人自然会不断强化自己。因为你做得不好，会有替代你的千军万马。

请结合员工积极性的激励相关理论和方法，谈一谈你对该公司这一高薪激励的全面看法。

（3）在公司里或多或少都有小团体的情况，就是几个员工走得特别近。当出了问题的时候，所有人一个鼻孔出气；当一个人走了的时候，其他人也跟着走。针对这种情况，作为领导者和管理者，你会怎么处理？

心思路 

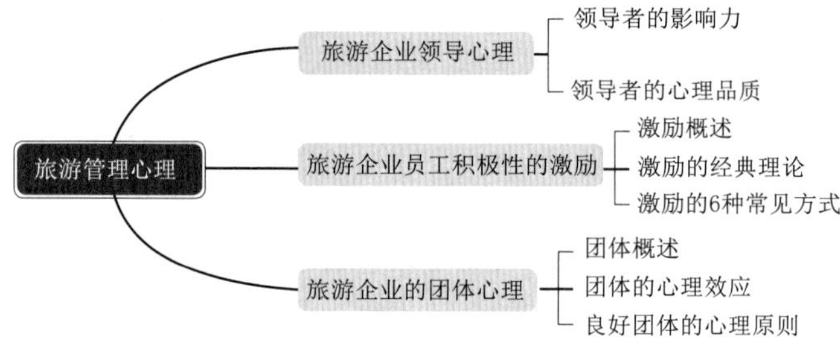

心笔记

参考文献

[1] 程春旺. 酒店服务心理学[M]. 北京：国防工业出版社，2012.

[2] 李一文. 旅游心理学[M]. 2版. 大连：大连理工大学出版社，2009.

[3] 袁忠霞. 旅游心理学[M]. 北京：国防工业出版社，2012.

[4] 闫红霞，王琳丽. 旅游心理学[M]. 北京：电子工业出版社，2016.

[5] 米冰. 旅游心理学[M]. 长春：东北师范大学出版社，2012.

[6] 肖晓莺，邓应华. 旅游心理学[M]. 北京：清华大学出版社，2015.

[7] 张树夫，张莉娟. 旅游心理与人际沟通[M]. 南京：南京师范大学出版社，2012.

[8] 汪红烨，王立新，杜红梅. 旅游心理学[M]. 上海：上海交通大学出版社，2011.

[9] 河南省职业技术教育教学研究室. 旅游服务心理学[M]. 北京：高等教育出版社，2015.

[10] 秦明. 实用旅游心理学[M]. 北京：北京大学出版社，2013.

[11] 叶伯平. 旅游心理学[M]. 北京：清华大学出版社，2009.

[12] 吕勤. 旅游心理学导论[M]. 北京：清华大学出版社，2016.

[13] 马中宝. 管理心理学[M]. 北京：国防工业出版社，2011.

[14] 李灿佳. 旅游心理学[M]. 4版. 北京：高等教育出版社，2011.

[15] 黄希庭，郑涌. 心理学导论[M]. 3版. 北京：人民教育出版社，2015.

[16] 邵世刚. 旅游概论[M]. 北京：高等教育出版社，2015.

[17] 路西. 世界上最经典的心理学故事大全集[M]. 北京：中国华侨出版社，2011.

[18] 中国就业培训技术指导中心. 职业道德国家职业资格培训教程[M]. 北京：中央广播电视大学出版社，2007.

[19] 孔永生. 前厅与客房细微服务[M]. 北京：中国旅游出版社，2007.

[20] 荣晓华. 公共关系——理论、实务、案例、实训[M]. 北京：高等教育出版社，2010.

[21] 陈怡君. 旅游美学[M]. 重庆：重庆大学出版社，2009.

[22] 李刚. 旅游心理学[M]. 北京：清华大学出版社，2013.

[23] 陈波，雷鸣. 旅游心理学[M]. 北京：电子工业出版社，2014.

[24] 甘朝有，齐善鸿. 旅游心理学（修订版）[M]. 天津：南开大学出版社，2001.
[25] 陈钢华. 旅游心理学[M]. 上海：华东师范大学出版社，2016.
[26] 孙喜林. 旅游心理学[M]. 6版. 大连：东北财经大学出版社，2016.
[27] 郑大奇，王飞翔. 薪酬支付的艺术[M]. 北京：中国言实出版社，2000.
[28] 戚艳萍，程水香，金燕华. 现代人力资源管理[M]. 杭州：浙江大学出版社，2002.
[29] 中国就业培训技术指导中心. 国家职业资格培训教程：企业人力资源管理师[M]. 2版. 北京：中国劳动社会保障出版社，2007.
[30] 陈永发. 旅行社经营管理[M]. 北京：高等教育出版社，2003.
[31] 胡林. 旅游心理学[M]. 广州：华南理工大学出版社，2005.
[32] 吴海艳，李耀锋. 试论双因素激励理论在旅行社管理中的应用[J]. 商场现代化，2006（12）：232.
[33] 郭鲁芳，金慧君. 旅行社及其核心利益相关者均衡发展机制探究——机遇和谐社会的视角[J]. 旅游学刊，2006，21（12）：58-64.
[34] 陈云. 旅游概论[M]. 上海：上海交通大学出版社，2017.